Giuseppe Martinenghi

CURATE LE PIAGHE E CONSOLATE IL MIO POPOLO

Youcanprint *Self - Publishing*

Titolo | Curate le piaghe e consulate il mio popolo
Autore | Giuseppe Martinenghi
ISBN | 978-88-91136-55-8

Youcanprint Self-Publishing
Via Roma, 73 – 73039 Tricase (LE) – Italy
www.youcanprint.it
info@youcanprint.it
Facebook: face book.com/youcanprint.it
Twitter: twitter.com/youcanprintit

Vorrei dedicare quanto scritto a coloro che stanno attraversando un momento di sofferenza.

Un ricordo particolare va però ai miei angeli Michele e Chiara, figli che ora sono in cielo, e a Laura, fiore spento troppo giovane agli occhi del mondo ma non certo a quelli dell'eternità.

A tutti i "miei" ammalati, a cui ora porto l'Eucarestia, o che sono già passati nelle braccia del Padre.

Alla mia famiglia, ai miei genitori, a tutti coloro con cui condivido questo percorso di vita.

A tutti, grazie di tutto!

Vorrei ringraziare tutte le persone che si occupano dei più deboli, dei sofferenti, degli ammalati. Sono davvero tante, più di quante pensiamo. Non solo quelle che lo fanno per lavoro, o per vocazione come suore o sacerdoti, ma anche persone di famiglie normalissime.

Vi ringrazio tantissimo per quello che fate, che senz'altro è molto di più di quanto possa fare io povero peccatore, per le vostre giornate spese con generosità.

C'è chi fa sacrifici fisici, come il portare dei mobili nelle abitazioni, chi va nel mondo per donare la propria vita ai bisognosi, chi da tanto o poco per chi soffre.

Rivolgendomi a tutti i volontari ed a tutti coloro che si donano per gli altri chiedo scusa se ho dovuto in questo testo raccontare un poco le mie povere esperienze, ma l'obiettivo iniziale, lo ribadisco, è quello di tentare con semplicità di risvegliare un poco le coscienze assopite, mai chiuse, di tante persone. Io non faccio nulla e non sono nulla per esempio rispetto a quello che fa Santina, che ha lasciato tutto in Italia per andare in Brasile ed offrire la propria vita per i bisognosi. Abbiamo passato due esperienze insieme nel monastero di Fonte Avellana unitamente ad un gruppo di amici, prima che Santina scegliesse di partire. Sembrava una scelta temporanea, invece poi, la Sua mano ti afferra e la Sua pace non ti lascia più.

Mi riconosco un nulla di fronte ai tanti medici che partono, a volte anche con le loro famiglie, per i Paesi più disparati, per aiutare, offrire il proprio contributo di esperienza, di intelligenza, e di volontà di servizio.

Umilmente mi pento di peccare di pigrizia, e chiedo perdono al Signore misericordioso perché abbia pietà di me. Solo l'amore di queste tante persone sostiene il mondo, unito alla preghiera dei sofferenti. Queste sono le due colonne. Nessuno le potrà mai distruggere.

Grazie Dio per queste persone che sono autentici doni di amore.

Vorrei infine ringraziare le suore Salesiane del monastero di Soresina, che con il loro silenzio orante, ci seguono e ci sostengono, testimoni di un Dio che è sopra ogni cosa, e dentro ogni vita, con "sovrumani silenzi e profondissima quiete".

Sarebbe forse meglio dire NOI (la mia famiglia)siamo qui. Chiunque abbia bisogno, per quel minimo che posso dare, IO SONO QUI. Ci sono, ci siamo. Con l'aiuto del Signore, aperto a coloro che hanno bisogno, che soffrono, che piangono, che non riescono a piangere ma che vorrebbero farlo.

IO SONO QUI non per associarmi alla tristezza, ma per condividerla, e per guardare, insieme, IN ALTO.

Potranno deridermi, potranno dire "ma perché non pensa ai fatti suoi", "ma perché non pensa alla sua famiglia, ai suoi figli, che sarebbe meglio" Potranno dire che tutto questo tempo lo rubo alla famiglia ed al lavoro, oppure "chi crede di essere?". A chi dice ciò non intendo rispondere a parole ma con la vita. La famiglia sarà sempre al primo posto. E questo andrà salvaguardato fino in fondo. Ma io non posso più contenere ciò che Dio mi offre, mi ha ridato la vita troppe volte, dopo avermi nascosto il suo volto, non posso più tacere.

E se per questo annuncio dovessi essere deriso, odiato e alla fine perfino ucciso, rinuncerò a qualsiasi vendetta, morendo con parola di perdono sulle labbra.

PREMESSA

26 aprile 1997. Presso un'umile chiesa di campagna si celebra il mio matrimonio con mia moglie Cristiana. Dichiariamo due cose sostanzialmente: crediamo in Cristo Figlio di Dio, crediamo nel nostro amore quale scelta di vita e vogliamo che diventi Sacramento. Il Dio in cui crediamo è un vero uomo, che ha trascorso la vita donando tutto a quei "tu" che incontrava, spendendo ogni giorno della propria esistenza terrena nell'amore e nel servizio verso gli altri. Questo vero uomo è vero Dio, ed il Padre lo ha risuscitato confermando ciò che ha svolto nella sua vita terrena nella sua divinità, fino all'apice del sacrificio della propria vita per tutti.

Noi abbiamo scelto di seguire questo Dio, non un dio da noi disegnato o immaginato, ma un Dio che ha passato la propria esistenza al servizio degli altri, specialmente dei più poveri, degli ammalati, dei sofferenti.

Ne è conseguenza piena la nostra volontà di conformare la nostra vita a Lui, nel cercare di fasciare le piaghe del corpo e dell'anima di chi incontriamo sofferente; con una sottolineatura: farlo come famiglia. I nostri figli sono ancora piuttosto piccoli, ma cerchiamo di educarli non ad ideali di vita, ma all'esperienza cristiana, che è quella di seguire l'esempio di Cristo. Crediamo che, stranamente ma finalmente, occorre con coraggio prendere di petto i documenti propostici dal Concilio Vaticano II°, ed i Santi non siano solo i papi, i vescovi, i sacerdoti, le suore, i missionari ecc. E' ora che la famiglia si faccia carico, come famiglia, dei più poveri, ed è ora di osare, in estrema umiltà di spirito e semplicità di cuore, ad aspirare alla Santità. Quella santità che probabilmente non verrà mai ricordata o riconosciuta da nessun uomo, ma solo da Dio.

Per questo la nostra vita, prima ancora che la nostra casa e le nostre giornate, è radicata, come famiglia, all'educazione al servizio per i più poveri tra i poveri, per chi è malato, sofferente nel corpo e nella mente.

Occorre spezzare il nostro corpo, ma anche il nostro orgoglio ed il nostro individualismo demoniaco (perché esatto contrario della trinità divina) e donare il proprio sangue, anche quello vero, per rendere fertile la vita, priorità di ogni famiglia.

Avvio questo volumetto con l'obbiettivo che chi lo legge, possa trovare ristoro e conforto, possa abbeverarsi all'unica vera e potente sorgente che non smette di sgorgare mai: la misericordia divina, raccomandando il

frequente ricorso al Sacramento della Riconciliazione, privilegiata via per trovare conforto da Dio.
Lo scopo del libro è consolare e curare le piaghe del corpo e dell'anima. Anche del corpo, perché crediamo che Cristo è il Dio della vita.

PREGHIAMO

Dal profondo a te grido, o Signore,
Signore, ascolta la mia voce.
Siano i tuoi orecchi attenti
Alla voce della mia preghiera

Se consideri le colpe, Signore,
Signore, chi potrà sussistere?
Ma presso di te è il perdono,
perciò avremo il tuo timore.

Io spero nel Signore,
l'anima mia spera nella sua parola,
l'anima mia attende il Signore,
più che le sentinelle l'aurora.

PREGHIERA PER LA GUARIGIONE

Signore Gesù, credo che sei vivo e Risorto,
credo che sei presente realmente
nel Santissimo Sacramento dell'altare
e in ciascuno di noi che preghiamo in te.
Ti lodo e ti adoro.
Ti rendo grazie, Signore,
per essere venuto da me,
anche come pane vivo disceso dal cielo.
Tu sei la pienezza della vita,
tu sei la resurrezione e la vita,
tu Signore sei la salute dei malati.
Oggi ti voglio presentare tutti i miei mali,
perché tu sei uguale ieri, oggi e sempre.
E tu stesso di raggiungi dove mi trovo.
Tu sei l'eterno presente e mi conosci.
Ora Signore ti chiedo di avere compassione di me.
Visitami per il tuo Vangelo,
affinchè tutti riconoscano che tu sei Dio
nella tua Chiesa oggi;

che si rinnovi la mia fede e la mia fiducia in te;
Te ne supplico Gesù,
abbi compassione delle sofferenze del mio corpo,
del mio cuore e della mia anima.
Abbi compassione di me, Signore, benedicimi
E fa che possa riacquistare la salute.
Che cresca la mia fede
e che si apra alle meraviglie del tuo amore,
perché sia anche testimone
della tua potenza e della tua compassione.
Te lo chiedo, Gesù,
per il potere delle tue sante piaghe,
per la tua Santa Croce e per il tuo preziosissimo sangue.
Guariscimi, Signore.
Guariscimi nel corpo,
Guariscimi nel cuore
Guariscimi nell'anima.
Dammi la vita, la vita in abbondanza.
Te lo chiedo per l'intercessione di Maria Santissima
la vergine dei dolori
che era presente, in piedi,
presso la tua croce;
che fu la prima a contemplare le tue sante piaghe,
e che ci hai dato per madre.
Tu ci hai rivelato
Di aver preso su di te i nostri dolori
E per le tue sante piaghe siamo stati guariti.
Sono così sicuro del tuo amore,
che prima ancora di conoscere il risultato della
mia preghiera, ti dico con fede;
grazie Gesù per tutto quello che farai per me.
Grazie per i malati che stai guarendo ora,
grazie per quelli che stai visitando con la tua Misericordia.
(Padre Tardif)

Per un infermo

Signore Gesù, Redentore del mondo,
che hai preso su di te i nostri dolori,
e hai portato nella tua passione le nostre sofferenze,
ascolta la preghiera che ti rivolgiamo per il nostro
fratello infermo, donagli fiducia e ravviva la sua speranza,
perché sia sollevato nel corpo e nello Spirito.

Dal libro di Giobbe

In quei giorni, Giobbe parlò dicendo: oh se le mie parole si scrivessero, se si fissassero in un libro, fossero impresse con stilo di ferro e con piombo, per sempre s'incidessero sulla roccia! Io so che il mio redentore è vivo e che,ultimo, si ergerà sulla polvere! Dopo che questa mia pelle sarà strappata via, senza la mia carne, vedrò Dio. Io lo vedrò, io stesso, i miei occhi lo contempleranno, e non un altro.
Parola di Dio.

Il DOLORE INNOCENTE: un mistero che può essere illuminato solo dall'Amore
Madre Teresa di Calcutta racconta: "Ricordo una madre di 12 figli: l'ultimo di essi era terribilmente mutilato. Impossibile descrivere l'aspetto di quella creatura, sia dal punto di vista psichico che dal punto di vista fisico. Mi offrii di ricoverare quel bambino, nella nostra casa, dove ce ne sono molti altri in condizioni analoghe. La donna scoppiò in pianto e mi disse: "Per amor di Dio, Madre, non mi dica questo. Questa creatura è il dono più grande che Dio ci abbia mai fatto, a me e alla mia famiglia. Tutto il nostro amore è concentrato in essa. Le nostre vite resterebbero vuote, se ce lo portasse via!" Era veramente un amore pieno di comprensione e di tenerezza. E noi abbiamo, oggi, un amore simile?

CORAGGIO, NON TEMERE!

Ama la vita così com'è,
amala pienamente, senza pretese.
Amala quando ti amano o quando ti odiano.
Amala quando nessuno ti capisce,
o quando tutti ti comprendono.

Amala, quando tutti ti abbandonano,
o quando ti esaltano come un re.
Amala quando ti rubano tutto,
o quando te lo regalano.
Amala quando ha senso
O quando sembra non averlo nemmeno un po'.
Amala nella piena felicità,
o nella solitudine assoluta.
Amala quando sei forte,
o quando ti senti debole.

Amala quando hai paura,
o quando hai una montagna di coraggio.
Amala non soltanto per i grandi piaceri
e le enormi soddisfazioni;
Amala anche per le piccolissime gioie.

Amala seppure non ti dà ciò che potrebbe,
amala anche non è come la vorresti.
Amala ogni volta che nasci
ed ogni volta che stai per morire.

Madre Teresa di Calcutta

Scrivo, perché non posso fare a meno di tentare di consolare, anche in questo modo, chi soffre.
Mi considero un peccatore, bisognoso della Misericordia di Dio.
Queste sono alcune espressioni che giungono dal mio cuore e che rivolgo a tutti voi:

Quando vedo qualcuno che soffre un martello mi pulsa
all'orecchio: ho sete………ho sete……..
…..."Signore fa di me uno strumento del tuo amore"

Scegli sempre la vita,
e Dio ti darà la gioia della vita.

Signore, fa che io non sia ricordato qui sulla terra dopo la mia morte,
ma che Tu sia ricordato qui sulla terra per la mia morte all'orgoglio.

Signore, perché mi hai giudicato degno del dono della mia famiglia?
Nemmeno me ne rendo conto. Una moglie che si preoccupa e si occupa di
me, dei miei figli.
Due figli meravigliosi. Altri due Angeli in cielo. Io che realizzo il mio
sogno di gioventù di potermi occupare di loro.
Ma proprio io, che sono una pessima persona, perché devo godere di queste
gioie?
Forse, sai, io sono un poco ignorante.
La soluzione sta proprio nella frase: "essere degni del dono".
Non si è mai degni di un dono: lo si accetta.
Questa "cosa" somiglia molto al Tuo Amore, mi hanno detto in Chiesa.
E' qualcosa che ci viene dato gratuitamente.
Quanto è sconvolgente questa cosa.
Io, impregnato di concetti economici, sono tardo nel comprendere la
gratuità.
Ho capito. Non sarò mai degno della mia famiglia. Però sono felice di dirTi
grazie.

Mentre vado errando alla ricerca di Te,
non mi accorgo che Tu sei vivo in ogni persona che incontro
specialmente se questa persona la incontro
soltanto se questa persona la incontro.
Sì, perché Tu non sei teoria, ma sei vita da vivere,
persona da amare,
qualcuno con cui soffrire,
qualcuno con cui gioire.

Signore, fa che io cerchi di servire più che essere servito,

di lenire le piaghe più che essere curato,
di sanare le ferite del corpo e dell'anima più che essere aiutato,
di consolare più che essere consolato.
Lo so per fare ciò bisogna essere forti e io sono debole.
Ma non è forse nella debolezza che si manifesta la Tua forza?

DAL BUIO ALLA LUCE

A volte il dolore ti prende l'anima, ti senti soffocare. Il cuore pompa forte, ti gira la testa, ti si stringe la gola: ce la metti tutta ma non riesci a piangere e a liberare l'ansia.

Ci metti non ore per uscirne, non giorni, non mesi, ma anni, se ti va bene, e soprattutto se hai una solida famiglia. Quale può essere la via di uscita? Non concentrarti su te stesso, vivi ogni giorno dando la tua vita per la tua famiglia, per chi ha bisogno di te, per gli altri. Pian piano diventa un consumare il proprio io e donarlo agli altri, a chi soffre. Se non puoi farlo dona la tua sofferenza e la tua preghiera perché Dio aiuti gli altri per te e attraverso la tua preghiera.

Stai certo. Domani Dio si alzerà prima del sole e prima di te

Signore, dammi tu
quell'acqua fresca che
l'arsura della vita sta chiedendo.
Ne ho bisogno
più di ogni altra cosa.

LA DIGNITA'

Più frequento i malati di Alzheimer, o gli anziani non più autosufficienti, più non capisco.

Queste persone da quando contraggono la malattia perdono la dignità di uomini e donne?

Non sono più figli e figlie di Dio?

O piuttosto, perché sono sofferenti, non sono ancora più vicini a Dio?

Il mio parlare è semplice, lo capisco. Ma il mio non è semplicismo, è semplicità. Non voglio ridurre i problemi ad una semplice affermazione. Voglio dire, dichiarare, proclamare, gridare a tutti che queste continuano ad essere persone, e come tali vanno amate, accudite, rispettate.

Dio ha forse fatto dipendere la nostra dignità dal nostro stato di forma fisico? Ma allora cosa andiamo a vedere alla Domenica (e in molti pensate ancora ci vanno)? Forse l'immagine di un uomo debole inchiodato sulla croce? Inchiodati ad un letto o ad una carrozzina ci sono tantissime persone, anche non di età avanzata.

Grazie, o Signore per la loro presenza! Ma non perché siamo masochisti, quanto piuttosto perché ci fanno capire quali sono le vere priorità nella vita, altrimenti noi rimarremmo ……..stolti e tardi di cuore….

LA RICERCA

Un giorno un uomo disse: salirò in cima alla torre Eiffel e cercherò almeno un segno che mi parli di Dio. Di certo lo troverò. Quando giunse in cima, si sedette. Tra sé disse. Signore, dove sei?

Se vedo un giovane disperato perché la depressione gli offusca la mente e lo getta nella paura

Se vedo due genitori attoniti mentre il figlio si allontana sempre più da Te e Ti dimentica

Se vedo l'indifferenza delle persone rispetto alle tante forme di sofferenza

Se vedo ancora, più di 2000 anni dopo, tante persone senza un tetto e un pezzo di pane, fuori dalla porta di famiglie benestanti

Se le famiglie si sgretolano al primo tremorio della vita

…………………..

Deluso, quell'uomo si alza e inizia a scendere. Appena giunto a terra scorge una piccola Chiesa, e ricordandosi che di solito, nella settimana Santa, sua madre lo mandava a confessarsi, entrò. Non era molto convinto, in fondo il giorno dopo sarebbe tornato al lavoro, e tutto sarebbe ripreso come prima, perché perdere del tempo? Ma spinto da non so cosa, fors'anche dalla fila che lo guidava, arrivò di fronte al sacerdote e s'inginocchiò. Il gesto di piegare le ginocchia sul legno un poco consumato gli provocò un fremito. E mentre cercava dentro di sé i propri peccati da confessare, sentì come un calore, non forte, non disturbante, ma tiepido, che lo pervadeva dentro. Il sacerdote pronunziò la parola Speranza, ed egli scoprì, nell'oscurità dell'animo, la presenza di Dio.

Eccoti Signore! Uscì e gli parve che il viso dei fanciulli, il colore acceso dei fiori, il sorriso di due fidanzati, il senzatetto che sembrava comunque felice del suo niente, una famiglia unita attorno al figlio gioioso, ...tutto gli parlava di Dio. E, tornato a casa, si accorse che il suo bimbo appena nato.............già valeva più della sua stessa vita.

<u>Salve Regina: la preghiera di chi soffre</u>

Non sono un teologo e nemmeno un esegeta, pertanto non voglio evidenziare alcun trattato tecnico della preghiera della Salve Regina. Voglio soltanto dirvi cosa ha ispirato a me questa preghiera nel momento in cui soffrivo, sperando che possa essere di conforto anche per Voi, anche se i dotti della Chiesa diranno che non si tratta di interpretazioni corrette; rimane comunque ciò che lo Spirito Santo mi ha ispirato pregando.

<u>Salve Regina:</u> Ma come? Tu sei una Regina e io ti dico semplicemente Salve. Forse perché ho questa confidenza con Te che sei stata anche tu una donna di questo mondo, ed hai vissuto i dolori e le gioie di questo mondo

<u>Madre:</u> E' bello rivolgersi ad una madre, sapere che abbiamo sempre una madre celeste a cui poterci appellare. Una madre sa custodirti, coccolarti, aiutarti a crescere, ad affrontare i problemi della vita, ti sa accudire, guardandoti negli occhi vede il tuo cuore.

<u>Di Misericordia:</u> Non sei solo Madre ma sei anche Misericordiosa. Allora è proprio bello rivolgermi a te, perché tu mi sai comprendere fin nel profondo, e non mi giudichi secondo i miei peccati, ma usi misericordia e magnanimità verso me. Quindi, anche se so di essere peccatore, posso rivolgermi a te con fiducia.

<u>Vita:</u> Con te ho la sensazione di vivere una vita vera, non una fantasia, ma parlo con una persona vera che ha vissuto, vive, e vivrà per sempre, per cui per sempre potrò affidarmi a te.

<u>Dolcezza:</u> Quando il cuore è duro, la vita ti costringe a lottare a denti stretti, è importantissimo sapere che c'è qualcuno di dolce che ti pensa. Ma si badi bene, nulla ha a che fare con la mielosa fantasia, ma con un amore provvido, concreto, ma al contempo tenero, di cui tutti, e a tutte le età, abbiamo bisogno.

Speranza nostra: la parola "Speranza" è quella che più contrasta con il mio animo quando sono nel dolore. Quando vedo nel futuro solo il buio, una luce mi guida: la speranza. O Signore, per l'intercessione della tua e nostra madre, fa che io possa non perdere mai questa Speranza, affinché non cada mai nella disperazione. Ma la tua non è una Speranza che viene dal "non avere altra scelta". La tua e nostra Speranza è basata sulla Resurrezione di Gesù Cristo, è lui per primo la nostra Speranza. Ad essa mi voglio aggrappare. Io credo che tu possa darmi la possibilità vera di una guarigione, soprattutto interiore, di un futuro sereno, di un infinito eterno di pace.

A te ricorriamo: in momenti in cui non si sa a chi rivolgersi, per chi è solo e per chi non lo è, o scopre di esserlo in un momento di difficoltà. Abbiamo tutti la possibilità di avere un punto fermo, una luce che ci attira. Quella luce sei tu, Maria.

Esuli figli di Eva: sinceramente, ditemi chi, in un letto di Ospedale, della Casa di Riposo, o in una stanza da letto, non si sente esule nel mondo, anzi sarebbe meglio dire esule dal mondo. Un mondo che continua imperterrito il suo ritmo di vita, di lavoro, di attività, di alternanze di momenti felici e momenti difficili, ma sempre comunque imperterrito continua. E io, malato o sofferente, vengo spesso escluso da questo mondo, soprattutto da questo tipo di mondo che mira all'efficienza e che tende ad emarginare chi non mantiene determinate prestazioni di studio, di lavoro, di vita sociale. Sono esule, sono lontano da casa, non solo quella materiale. Sono lontano dalla mia casa interiore, dal calore domestico, dalla mia famiglia, dai miei cari. Mi sento spesso solo, non capito, nell'affrontare il mio male.

Gementi e piangenti in questa valle di lacrime: dobbiamo avere il coraggio di guardare in faccia la realtà. Non vogliamo vedere per forza solo la tristezza nella nostra vita, ma dobbiamo, in modo maturo, riconoscere che, chi più chi meno, chi prima chi poi, si fanno i conti anche con il dolore, sotto varie modalità. Non è il guardare solo il lato buio della vita (che non è bella a ben pensarci, è bellissima), ma il prendere coscienza di cosa siamo: un granello di sabbia, deboli fragili nonostante il nostro atteggiarci a volte contrario. E' un riconoscere con umiltà la nostra piccolezza di fronte a Dio. E questa valle è di lacrime soprattutto perché il peccato ci allontana da Lui e non ci permette di sentirci vicino a Lui. E allora, come dice San Paolo "tutta la creazione geme e spera" nell'attesa del ritorno del Cristo Risorto.

Orsù dunque: Vedi come oso rivolgermi a te, Maria: viene dal mio profondo un irrefrenabile richiesta di volgerti verso di me, che sono prima di tutto peccatore, e che oltre modo soffro. Lo faccio in modo ardito come chi supplica un aiuto e non lo chiede con tremore ma con decisione.

Avvocata nostra: lo dichiaro, ne sono certo, abbiamo qualcuno più grande di noi tutti sulla terra, che ci difende, che sta dalla nostra parte, anche se abbiamo commesso errori. E quale gioia contiene questa cosa, quale gratitudine verso Dio che ci ha dato questa madre

E dopo questo esilio: Ecco però, devo avere fede, sperare che tutto non si conclude qui, ma c'è un dopo, e nulla andrà perduto, "nemmeno un capello del vostro capo", quindi nemmeno un attimo della nostra sofferenza o della nostra gioia. C'è un dopo e con la fede guardiamo a quel dopo, con coraggio, visto che tu Maria, sei vicina a noi.

Mostraci Gesù: Ecco la speranza di chi si professa cristiano. Vedere il volto di Dio nella sua Trinità. E quindi vedere il tuo figlio Gesù, il figlio che dal tuo grembo e per opera dello Spirito Santo è nato. Non si può amare Maria e non amare Gesù. E' un controsenso. Lei ci accompagna verso di lui, che è figlio, ma è anche Padre, e ci protegge, e ci sprona a non arrenderci mai alla disperazione, proprio perché un giorno potremo vederlo, e allora sarà la vera Pace.

Il frutto benedetto del seno tuo: Ti ringrazio Maria, perché con il tuo Sì hai permesso che Dio si facesse uomo e condividesse le nostre gioie, le nostre speranze, le nostre piaghe corporali. Altrimenti come avremmo fatto a fare diventare il dolore fisico, mentale, morale, speranza di salvezza? Quel frutto del tuo seno si è fatto inchiodare su due pezzi legno per dimostrare che il nostro dolore ha un valore immenso se vissuto alla luce del Vangelo. Avrebbe potuto salvarci in un altro modo, certo, ma allora come avremmo trovato il senso del nostro soffrire?

O clemente, o pia, o dolce Vergine, Maria!: Ecco come finisce la mia preghiera: con una acclamazione alla madre clemente, che si china verso i suoi figli, è pietosa verso di essi, non se ne dimentica mai (dobbiamo averne la certezza non solo la speranza). Dobbiamo essere certi di non essere mai da lei dimenticati o abbandonati, ma sempre cullati nella sua dolcezza, cioè nel suo amore.

Ora sono più sereno Maria, perché posso chiamarti per nome, dopo che ho pregato e mi sono accorto di non essere solo, di avere una speranza, che quello che sto vivendo non è tempo buttato o ripugnante, ma la via privilegiata per arrivare al Tuo Figlio.

Contemplando il Crocifisso

Che cosa abbiamo davanti agli occhi
contemplando il Crocifisso?
Abbiamo un miracolo nuovo.
Cristo ha fatto tanti miracoli
sul mare, sui ciechi, sui lebbrosi.
Ma il miracolo nuovo è che questo Dio
Non fa un miracolo per sé,
rimane in agonia,
con le braccia aperte al Padre e al mondo.
E noi avvertiamo guardandoti, Signore,
che in questo abbraccio universale,
che raggiunge tutti gli uomini,
di tutti i tempi ci siamo anche noi.

Da un testo del Card.Martini.

La peggiore malattia oggi
e' il non sentirsi desiderati
ne' amati, il sentirsi abbandonati.
Vi sono molte persone al mondo
che muoiono di fame,
ma un numero ancora maggiore
muore per mancanza d'amore.
Ognuno ha bisogno di amore.
Ognuno deve sapere
di essere desiderato, di essere amato,
e di essere importante per Dio.
Vi e' fame d'amore,
e vi e' fame di Dio

Madre Teresa di Calcutta

Coraggio, c'è una buona notizia: Dio ha scritto il tuo nome nel palmo della
sua mano

UNA DONNA AL BUIO E LA RICERCA DEL PERDONO.

Quando penso al perdono, penso a quella forza dirompente in grado di bagnare ciò che è arido, sanare ciò che sanguina, piegare ciò che è rigido, scaldare ciò che è gelido.

Che cosa è arido, sanguina, è rigido, è gelido? Apparentemente il cuore dell'uomo.

Una di queste sere portando la Comunione ad un ammalato mi sono imbattuto in una scena che mi ha lasciato di ghiaccio. Una signora, che nella sua vita ha vissuto molte sofferenze profonde, accompagnava la mamma su una carrozzina, rientrando a casa dopo una breve commissione serale. La casa era umile, spoglia, ma dignitosa. Mentre la signora si accinge a chiudere la porta del cortile, mi attardo un attimo a salutare la madre in carrozzina, che mi sorride e mi accoglie favorevolmente.

Ad un certo punto la figlia chiude la porta e mentre chiude io le dico, con molto rispetto, "forse sua madre desidera la Comunione anche stasera……..". Risposta molto fredda e quasi seccata della figlia: "no, lasci stare." E mi chiude la porta in faccia. Non sono certo stato nemmeno stupito dalla chiusura in faccia della porta, quello è da mettere in conto…… . Ciò che mi ha fatto male è sapere che esistono persone che vivono con questa sofferenza, con questo macigno dentro di loro. Un peso che toglie loro non solo il sorriso, ma anche qualsiasi espressione che sappia di uomo o donna. Non solo. Quanto siamo stati pigri ed egoisti noi cristiani del mio paese (e mi ci metto per primo) a non farle sentire, nei momenti di sofferenza (che conosco ma non descrivo per non far intendere chi sia la persona), che siamo testimoni di un Dio che si fa vicino a chi soffre.

Solo Dio sa che cosa c'è nel cuore di quella donna. Solo lui, il Misericordioso, lo sa. Ed io prego perché Lui volga lo sguardo verso questa donna e permetta che, qualcuno o qualcosa, pieghi ciò che è rigido dentro di lei e scaldi ciò che è gelido.

Voi direte: " e cosa c'entra questo con il perdono?". Io il perdono lo vedo così. Prima di tutto e di tutti Lui ci perdona, sa scardinare le nostre catene più profonde. E sul suo esempio possiamo, per quel poco, anche noi, usare questa arma per scaldare e per far ritornare alla vita.

Vorrei ora spostare il tema sulla Confessione. Forse uno dei Sacramenti meno frequentati. Per me, rimane e rimarrà sempre una fonte di acqua viva. Non esiste nessun uomo, ricco o potente che sia, che si senta libero dal peso dei suoi peccati. Solo la Misericordia divina sa offrire quella serenità interiore che spesso manca. E' come una medicina di salvezza. Chi si accosta al Sacramento della Confessione già sta facendo un percorso di conversione, perché lo Spirito è riuscito a smuovere dentro di lui il senso del peccato, ed il desiderio di ritornare al Padre, che correndogli incontro non può che abbracciarlo. Poi durante il Sacramento si verifica qualcosa di inimmaginabile: una persona guarda dentro se stessa e confessa a Dio, attraverso la figura del sacerdote e della Chiesa, il proprio essere peccatore. Ma vi pare cosa da poco? E' una cosa meravigliosa, che libera dai macigni che si sono accumulati sull'anima e le consente di volare, di prendere energia e riprendere vita. ......e, per il potere conferitomi dalla Chiesa, ti concedo il perdono dei tuoi peccati, nel nome del Padre, del Figlio, e dello Spirito Santo.

Vi assicuro che, specialmente nelle situazioni difficili della vita, la Confessione aiuta, libera, ridona vigore, non solo per il mistero contenuto nel Sacramento, ma anche per i riflessi che comporta sull'animo umano. Quindi dico a tutti coloro che affrontano difficoltà, sono in attesa di esiti, si sentono sopraffatti dal male, ecco il Sacramento che vince il male, è in grado di scacciarlo. Il male è già stato sconfitto, lo sappiamo, una volta per tutte, e l'ultima ad essere sconfitta sarà la morte. Questo è ciò che professiamo ed è ciò che vorrei accompagnasse tutti. Affidatevi, affidatevi alla Confessione. Non ne rimarrete delusi.

L'uomo non muore mai da solo.
Dio è con lui.
Se muore sofferente Dio è in lui.
Ma guai a coloro che lasciano morire un uomo senza nessuno accanto.

La fede non è un'assicurazione contro il destino, ma crea una distanza tra noi e il destino.
In questa distanza entra la vita, che per chi ha fede, dura all'infinito.
E' per questo che è inutile cercare di riempirla di cose, di azioni, di parole.
A volte all'infinito somiglia molto di più il silenzio. Non quello tombale che puoi sentirti dentro, ma quello che ti permette di gustare la pace che solo la speranza può darti.
La più grave malattia di cui soffre il cervello umano è la mancanza di fede.

Vuoi trovare conforto? Prega il Signore che ti mandi testimoni di lui, che ti mostrino lui. Apri il tuo cuore, fallo entrare. Prova. Non lo scrivo io l'ha detto Lui: "Venite a me voi tutti che siete affaticati e oppressi e io vi darò sollievo". Non è qualcosa che aleggia nei pensieri, è la tua vita che deve conformarsi a Lui.

Se invece vivi in una condizione che non ti permette di incontrare nessuno, o non riesci a vederLo in nessuno, bè sappi che proprio allora Lui è vicino a te.

Per coloro che si disperano in profonda depressione:
aggrappatevi alla vita............e al suo Creatore.
Lo so il vortice è molto forte e vi trascina verso il basso,
ma la radice dell'albero della vita non si spezzerà mai.

VIVERE

Vivere. Ad ogni costo vivere. In qualsiasi condizione fisica o morale: vivere. Anche se sei completamente paralizzato e puoi muovere solo gli occhi: vivere. Resta attaccato alla vita, aggrappati alla vita, è un dono che ti è stato dato. Dì solo grazie e vivi, come puoi, con chi puoi, perché puoi. E se il peso è troppo forte da sopportare, allora fermati e bevi l'acqua di Colui che è la fonte della vita.

DI INGUARIBILE IN ME C'è SOLO LA MIA VOGLIA DI VIVERE
(espressione di un conosciuto personaggio che deve combattere ogni giorno con una malattia incurabile progressiva)

Inutile raccontare, più utile invece portare testimonianze.
Posso certificarti che, nella mia vita accanto ai "diversamente abili" o agli ammalati di malattie gravi e incurabili, difficilmente ho visto persone che sono cadute nella disperazione. Tutt'altro, potrei fornirti numerose testimonianze di persone che hanno saputo e sanno tutt'ora vivere la propria situazione di sofferenza con un coraggio ed un attaccamento alla bellezza della vita, che non è neppure paragonabile a quella delle persone che non sono nelle loro condizioni.

Posso testimoniarti che laddove siamo completamente soli, possiamo sperimentare che accanto a noi c'è un angelo: Dio non ti lascia mai solo! Se preghiamo, riusciamo a percepire tutto attorno a noi la presenza di Dio che ci aiuta e ci ama.

Non intendo portare esempi di persone che conosco perché non intendo mettere in piazza la loro sofferenza (anche se avrei la tentazione di mettere in piazza la loro voglia di vita, la loro energia).

Preferisco rifugiarmi in un piccolo spezzone autobiografico. Lungi da me l'autocommiserazione (brutto male dal quale allontanarci sempre!) anche perché io sono un fortunato!

Ho quattro figli. I primi due, poco dopo essere nati sono saliti al Padre. La seconda siamo riusciti a battezzarla con il cappellano dell'Ospedale. Non li dimenticheremo mai. Sono qui con noi, i nostri piccoli angeli.

La gravidanza del terzo figlio è stata molto travagliata, ma lasciando stare i particolari, vorrei solamente sottolineare l'episodio chiave. Ci sono le condizioni perché io ri-ri-riaccompagni mia moglie in Ospedale per un ricovero d'urgenza. Il bambino sembrerebbe voler nascere ma è ancora molto piccolo. I dolori che la madre sente, dicono i medici, non sono riconducibili al bambino. C'è qualcosa d'altro. All'istante si mette in moto la macchina sanitaria pubblica e mia moglie viene trasferita al Policlinico S.Matteo di Pavia in ambulanza. Io la seguo con l'auto. Esami del sangue di routine. Esito: i medici chiedono in equipe di parlare con me e mia moglie da soli. Ci riferiscono: il figlio non ha possibilità di scampo, lo facciamo nascere e poi si vedrà. La madre è in gravi condizioni. Non si sa qual è esattamente la causa ma tutto lascia presagire al peggio. Ho davanti la semplice ma cruda possibilità di perdere il terzo figlio e la moglie. I medici intervengono chirurgicamente subito. Io con i parenti di mia moglie in sala d'attesa. Silenzio. Nessuno osa dire una parola. Qualsiasi cosa si dica è fuori luogo. Devo tradire il tempo. Una preghiera può essere sempre utile. Senza troppi ragionamenti teologici, prego e mi affido a Lui. Dopo molto tempo esce l'infermiera con la culla termica, il bambino non c'è. Nessun'altra informazione. Dopo ancora escono i primi medici, vogliono parlare con me. Mia moglie è salva e continua la gravidanza seppure in condizioni critiche. Ora mio figlio ha nove anni e sta bene, mia moglie sta bene. Nel turbine di quei giorni e quelle notti, travolto dagli eventi, una sola luce, seppure, vi confesso, tenue. Mi sono affidato a Lui, a Dio.

Usciamo subito dall'equivoco. Non è vero che io parlo così perché sono stato fortunato e ce l'ho fatta. Ho in tasca nel mio portafoglio la foto di una donna a cui portavo alla domenica la SS Comunione e che aveva un tumore, peraltro molto doloroso. Ha vissuto sino all'ultimo tutta la dignità della vita ed in modo cristiano, consapevole che tutto non finiva lì. Inutile ancora una volta raccontare, bisognerebbe aver visto. E chi vive in certi reparti d'Ospedale per lavoro od altro quanto deridere di superficialità farà di queste mie righe. Lui ci è abituato a certe cose (ci si abituerà poi?). Ma che m'importa? Se ciò che scrivo può essere d'aiuto a qualcuno, che m'importa del giudizio degli altri?

ATTENZIONE: FRAGILE

Sono una persona fragile fisicamente, debole moralmente, ma amante della vita vera.

Nella mia fragilità, nel mio essere deriso, nel mio sbattere contro le mie debolezze, nelle mie piccole sofferenze, si rivela comunque il disegno di Dio. O ma che presuntuoso, che pallone gonfiato direte! Non mi interessa quello che pensate voi. Io lo dico perché lo sento e perché so che solo chi è fragile, spesso molto più di me, se si guarda dentro sperimenta quello che sperimento io: bisogna però affidarsi a Dio.

Solo lui conosce quello che c'è nel cuore dell'uomo, solo lui lo sa. E la sua croce è la certificazione carnale che Lui ha scelto i deboli per inviare il suo messaggio di speranza al mondo. Una speranza che non nasce dalla forza di sopraffare l'altro, dalla carrozzeria delle proprie certezze e dei propri capisaldi, ma dall'abbandono alla sua volontà. Sapete qual è il problema? Che io devo camminare ogni giorno per scoprire questa volontà, la "volontà di Dio".

DIO SA CHE STAI SOFFRENDO

Devo ammettere sinceramente che nella varietà dei libri che si possono leggere riguardo alla bellezza della vita ed al contrapposto dolore e sofferenza, non sono partito prevenuto nel cercare qualche spunto che dia coraggio e conforto. Anzi sono andato alla ricerca dei libri più diversi, ma alla fine (e vi sottoscrivo non apposta), quelli che mi hanno dato più forza, incisività, abbondanza di messaggi è stato il Vangelo ed i Salmi.

Per questo motivo ora voglio soltanto darVi alcuni cenni, ricordarli, ripetere quelle frasi, in un seppure disordinato condensato di messaggi, nella speranza di dare conforto a chi li legge. Semplicemente così, alcuni, uno dopo l'altro.

Beati coloro che soffrono perché saranno consolati.

Isaia:
I monti possono spostarsi e i colli vacillare, ma la mia benevolenza non si allontanerà da te e il mio patto di pace non vacillerà, dice il Signore, che ha misericordia di te.

S.Paolo (sta parlando della sofferenza nella testimonianza di fede)
….sono stato Crocifisso con Cristo e non sono più io che vivo, ma Cristo vive in me, questa vita che vivo nella carne io la vivo nella fede del figlio di Dio che mi ha amato e ha dato se stesso per me.

Venite a me
Voi tutti che siete affaticati e oppressi
E io vi darò sollievo
Dice il Signore

Tu sei con me Signore, non temo alcun male.
Nel tuo Amore mi doni pienezza di vita

In te spero Signore, Dio dei viventi

Accoglimi Signore: in te ho posto la mia speranza

Dal profondo a te grido o Signore,
Signore ascolta la mia voce.
Siano i tuoi orecchi attenti alla voce della mia preghiera.
Se consideri le colpe Signore,
Signore, chi potrà sussistere?
Ma presso di te è il perdono.
Io spero nel Signore,
l'anima mia spera nella sua Parola

Fino a quando Signore?
Fino a quando continuerai a nascondermi il tuo volto?
Guarda, rispondimi, Signore mio Dio.

Nella tua misericordia ho confidato
Gioisca il mio cuore nella tua salvezza.

…..se venite a me Io non vi respingerò, dice il Signore.

(ce ne sarebbero altre centinaia e centinaia, buona parte dei Salmi e chissà quant'altro – anche in tutte le altre religioni - ma non basterebbe questo libro e non è questa la sede)

Oppure preghiere:

(dopo aver dato la S.Comunione ad un ammalato)
Signore, Padre Santo, la Comunione al Corpo e al Sangue del tuo Figlio,
protegga e conforti questo nostro fratello, gli rechi sollievo nel Corpo e nello Spirito,
e sia per lui pegno sicuro di vita eterna.

Abbi compassione delle sofferenze del mio corpo,
del mio cuore, della mia anima.
Abbi compassione di me, Signore, benedicimi e fa che possa riacquistare la salute.
Dammi la vita, la vita in abbondanza.

LA FEDE

Capita un certo punto della vita in cui mi sono chiesto, proprio con le parole dell'apostolo: chi mi separerà dalla tua croce, forse la tribolazione, la sofferenza, l'angoscia, la persecuzione, la morte? Ma in tutte queste cose noi siamo più che vincitori, continua l'apostolo, per virtù di Colui che ci ha redenti con il Suo sangue.
Ci sono momenti in cui, messo alla prova, ti sembra di cedere e di non vedere Dio. Magari lo dici anche e lo chiedi dove è. Ma poi, passati questi momenti turbolenti e di sofferenza, quando la calma torna a lasciarti un poco di respiro, la risposta è sempre la stessa. Io non posso andare avanti a prendermela con Lui. Non lo capisco, la sua strada non è quella che penso io, ma Lui non mi abbandona perché tradirebbe il suo stesso nome di Padre, e, per fortuna, è anche misericordioso e se sono veramente pentito mi perdona.

Se il padre della fede è Abramo, penso anche che Dio, in quel momento sia stato per la prima volta un Dio che non ha voluto imporsi all'umanità e restare immobile, ma ha cercato di entrare nella vita dell'uomo avendo bisogno dell'atto di accoglienza di un uomo della Sua volontà. E le condizioni possono essere anche estreme: lascia le tue certezze, i tuoi capisaldi, e affidati totalmente nelle mani di Dio. A volta la malattia ci mette in scacco su questo versante. Dalla nostra parte abbiamo solo, ma non è un "solo" diminutivo, la speranza in Dio. Non è vero che abbiamo solo i responsi medici, abbiamo anche la speranza in Dio, che non delude mai. Come? Per scoprirlo occorre avere fede in lui. Non è un'illusione creata per far soffrire meno l'uomo, è insito nel più profondo dell'animo umano il cercare Dio, lo sperare in lui. E' lo spirito che instilla nell'animo questo desiderio.

Faccio solo un piccolo esempio che non è certamente il più indovinato ma che comunque forse non tutti conoscono. Io credo che la persona ammalata non sia soltanto un essere vivente da curare, come se fosse una pianta, ma come mi è stato spiegato più volte bisogna curare l'aspetto fisico, quello morale, quello spirituale. Tutti e tre gli aspetti non possono essere distinti. Condivido appieno questo modo di pensare, anche perché ho provato personalmente cosa significhi. Da un libro di un ormai famoso ammalato di sclerosi laterale amiotrofica, traggo questa parole.

…(è l'ammalato, medico, che parla)…Non è solo del medico che il malato ha bisogno. Ha bisogno che qualcuno si faccia carico di lui, lo ascolti, capisca quali sono i suoi problemi, i suoi disagi, e lo aiuti ad affrontarli. Ecco, se prima mi occupavo di cercare di guarire, ora voglio curare. Sì, perché inguaribile non è sintomo di incurabile. E anche se non posso guarire voglio continuare ad essere di aiuto per gli altri, i miei pazienti, i miei compagni di malattia, in tutte le fasi del loro difficile percorso.E questo è il mio obbiettivo. Il mio bisogno come medico, come malato, e come uomo.

LA COMPASSIONE

Ho avuto l'esperienza di aver trovato nella compassione verso gli altri un aiuto per uscire dal tunnel del dolore. Andiamo verso la guarigione quando scegliamo di varcare la soglia del nostro dolore e ritornare alla vita di tutti i giorni, quando cominciamo ad avere compassione e a condividere le sofferenze degli altri. La compassione significa "soffrire con". Essere compassionevoli significa quindi essere coscienti della sofferenza altrui, essere commossi dalla loro malattia e desiderare di rendere più sopportabile o alleviare la loro sofferenza. Ho letto su un libro che Karl Menninger, un famoso psichiatra, alla domanda su che cosa consigliasse di fare per una situazione di sofferenza non rispose come tutti si aspettavano che era necessario un sostegno psichiatrico, ma: "chiudi casa tua, vai lungo la strada, trova qualcuno in difficoltà e fa qualcosa per aiutare quella persona". Menninger aveva capito che la compassione è una strada a doppio senso: chi dona riceve e chi riceve dona. Quanto è importante allora la compassione, quanto di può aiutare. Proviamo.

VALORE DI UN SORRISO

Donare un sorriso
rende felice il cuore.
Arricchisce chi lo riceve
senza impoverire chi lo dona.
Non dura che un istante
ma il suo ricordo rimane a lungo.
Nessuno è così ricco
da poterne far a meno
né così povero da non poterlo donare.
Il sorriso crea gioia in famiglia
dà sostegno nel lavoro
ed è segno tangibile di amicizia.
Un sorriso dona sollievo a chi è stanco
rinnova il coraggio nelle prove
e nella tristezza è medicina.
E se poi incontri chi non te lo offre
sii generoso e porgigli il tuo:
nessuno ha tanto bisogno di un sorriso
come colui che non sa darlo.
Fin qui ciò che scrisse Faber.

Io non mi voglio accostare a cotanta bellezza e profondità poetica. Ma desidero continuare dicendo: tu che sei in mezzo a mille problemi
prova ad affrontarli con un sorriso,
è ovvio che non è facile,
ma tu provaci.

Il sorriso è contagioso,
è come un ruscello che rinfresca la terra
dall'arsura delle fatiche
e delle battaglie quotidiane,
si propaga nelle tue vene,
e la tua vita ha un respiro più ampio.
Il sorriso combatte la tristezza
provocata dalla sofferenza fisica e morale.
Anche se ti sembra inutile per guarire,
in realtà è medicina per il tuo cuore e la tua anima,
versando olio sulle ferite e alleviando il dolore.

Per tutto questo anche chi sta vicino al sofferente abbia sempre un sorriso sulle labbra, non segno di superficialità, ma di serenità interiore, aspetti che sono diametralmente opposti.

CHI SOFFRE E ABITA LONTANO DA NOI

Questo piccolo e semplice libretto è destinato soprattutto a coloro che provano nel corpo, nella mente, o nello Spirito, un qualsiasi tipo di sofferenza, affinché possa essere alleviata un poco ad almeno una persona (ne sarebbe già valsa la pena).
Nonostante ciò non credo sia giusto, e non riesco nemmeno, a trattenere quello che provo, sapendo delle situazioni di sofferenza e di morte di molte popolazioni del pianeta, colpite da calamità naturali o situate in zone ad altissimo grado di povertà.
Sto parlando della siccità del Corno d'Africa, della povertà economica ed umana che colpisce molte zone dell'Africa, con milioni di morti, spesso bambini, e spesso per mancanza di cure che da noi sono banali. Sto parlando del cento e Sud America, di alcune zone dell'Asia ecc.
Non voglio dilungarmi molto su questo punto, ma devo esprimere solo alcune semplici osservazioni:

1) Pentiamoci, noi dei Paesi ricchi, perché un giorno arriverà il giudizio di Dio. E non so se potremo dire di aver fatto il nostro dovere sull'amore riguardo a questi milioni di morti. Pentitevi, governanti delle nazioni benestanti e governanti approfittatori delle nazioni africane e dell'America Latina: un giorno, lo ripeto, arriverà anche per voi il giudizio di Dio.

2) Non possiamo accampare scuse: le situazioni le conosciamo, o possiamo conoscerle con un minimo di interesse. E conoscendo non facciamo nulla, o, per i più bravi, quasi nulla. Io vi dico la verità, non riesco a volte a dormire, quelle morti mi pesano sulla coscienza e non posso liberarmene con una semplice offerta. Non ho le forze fisiche e le qualità mentali, oltre che i contesti familiari, per andare là da loro, ma in fondo comprendo che possono essere tutte scuse. Io dovrei, magari, con la mia famiglia, essere là ad alleviare le loro piaghe, e purtroppo penso che me ne verrà chiesto conto. Non è giusto, non è umano, prima ancora che non essere cristiano, che perdurino certe condizioni di miseria e di morte in tante parti del mondo.

E voi, ammalati, non dimenticatevi mai nelle vostre preghiere di questa gente; pregate non solo per loro ma soprattutto per noi, perché abbiamo a risvegliare le nostre coscienze, perché lo Spirito di Dio possa illuminare gli occhi della mente di noi benestanti, di chi deve prendere decisioni, politiche o familiari, grandi o piccole riguardo a questi popoli. Non dimentichiamoci di loro. Credo, seriamente, che il sangue innocente sparso, non sarà nemmeno per una goccia, dimenticato da Dio.

Mio Dio a te mi rivolgo, rispondimi:
come possono aiutarti a sanare coloro che,
bambini e non, muoiono di fame nel mondo?
Come potrò un giorno presentarmi a Te con
questo macigno nel cuore e vergogna sul volto?
La tua Matita una volta ha scritto: una goccia non è niente
nel mare, ma se io non faccio nulla quella goccia
verrà a mancare per sempre.
........ma il mio cuore arde.......sembra che ciò non mi disseti

LA SPERANZA.

La speranza, parola troppo spesso dimenticata......la speranza è ciò che fa di un uomo un uomo. Non c'è uomo senza speranza; l'uomo non può vivere senza speranza, è insita in ogni uomo. La speranza è bidirezionale, la dai e la ricevi, puoi trasmetterla e riceverla da chi ti circonda. E la speranza è vita.
(Melazzini)

Specifico io che ho visto con i miei occhi malati di SLA che vivono muovendo autonomamente solo gli occhi, e per mezzo di apparecchiature sofisticate, sono in grado di comunicare. Queste persone non hanno perso il sorriso………la forza della vita. Proviamo a chiederci perché.
Vedo tutte le domeniche mattina, mentre porto la S. Comunione alla Casa di Riposo nei reparti, gente ridotta a gomitoli di sofferenza, ma non sempre si dispera, è capace anche di gesti di gentilezza. In questi luoghi vedo persone spesso private parzialmente o totalmente della propria dignità, ma che continuano a vivere, e con una grande forza. Ne soffrono certo, ma non tutti si lasciano andare. E tanti………..ma dico tanti, aggrappati alla preghiera. Provate a venire con me alla domenica mattina presto presto e poi vedrete. Quando ho iniziato ho chiesto anche perché di solito non si entrava nel reparto di Alzheimer (ma sa, sono persone che non si rendono neanche conto….). Altro che! Quattro tasti e un codice e anche quella porta è abbattuta ed è difficile trovare in un altro ambiente della casa di riposo, la medesima serenità. Consapevole o no, non lo so. Per alcuni secondo me sì, comunque l'atmosfera è quella, ve lo sottoscrivo.

Mio Dio, io so che tu non dimentichi
nessuno di coloro che soffrono,
specialmente se queste sofferenze, sono
quelle che l'uomo vorrebbe dimenticare,
condannare, giudicare.
Penso ai malati di AIDS, ai carcerati,
agli alcolizzati e a tanti altri.
Nessuno perde la sua dignità per gli errori
che commette, perché tu perdoni il
peccatore che a te si rivolge per chiedere
misericordia con cuore sincero.
Sul tuo esempio anche noi non vogliamo giudicare
ma dacci la forza di amare tutti
anche se hanno sbagliato, e per i loro errori
stanno soffrendo.
Sono nostri fratelli anche loro.

SERVO, PER PORTARE CRISTO AGLI AMMALATI

Sono ormai passati diversi anni da quando ho ricevuto per la prima volta il mandato dal Vescovo per poter portare l'Eucarestia agli ammalati. Non posso contare le profonde soddisfazioni e gli stati d'animo che hanno caratterizzato l'incontro personale con tantissime persone ammalate, parecchie delle quali ormai defunte. Le ricordo tutte sempre molto volentieri, qualcuna in particolare. Tutte mi hanno insegnato e mi insegnano qualcosa riguardo alla vita, al suo decadere, alla sua fine, ma anche al gusto di viverla con tutte le forze e non nonostante tutte le difficoltà, ma vivendo intensamente queste difficoltà. Non potrò mai ringraziare abbastanza tutte queste persone. Le critiche? Oh quelle non sono mai mancate. Le spine, per chi svolge questo servizio come laico, da solo, in una parrocchia di 9.000 abitanti circa, ci sono state, ci sono e ci saranno sempre. Diciamo pure con sincerità che qualcuna ha contribuito a irrobustire la mia fragile fede, mettendola alla prova. Ma se mettiamo sul piatto della bilancia la grazia di aver incontrato sul mio percorso di vita queste persone e le difficoltà ed i giudizi negativi sopraggiunti, la bilancia pende quasi totalmente dalla prima parte.

C'è stato chi mi ha portato un esempio di vita umile e semplice, quasi fuori dal mondo odierno, chi mi ha mostrato la dignità di vivere la malattia nella fede fino all'ultimo istante della vita, chi mi mostra di vivere con coraggio la sua vita nonostante le enormi deformità subite dalle malattie. Molti, moltissimi, ti fanno capire che mi aspettano. Certo non aspettano me come persona, ma Colui che porto loro, ed aspettano con sincera speranza.

Tanti ammalati condividono quasi quotidianamente con me le loro ansie, le loro preoccupazioni, l'attesa dell'esito degli esami, l'evoluzione della malattia, a volte la rabbia e la difficoltà di accettare la propria condizione.

Nei reparti delle case di riposo ho trovato una maggiore sofferenza morale rispetto ai malati che vivono nelle case, anche se da soli. Negli ospedali ho trovato molto rispetto per il Sacramento dell'Eucarestia, sempre accolta con molta speranza. Certo forse solo la speranza umana di chi chiede un aiuto al Signore per la propria condizione di salute, ma, come sono solito dire loro, chi non chiede aiuto a suo Padre o sua Madre quando sta male? E un Padre perché non deve capire gli sfoghi che a volte un figlio ammalato gli rivolge? Il numero degli ammalati si è fatto via via sempre più alto, ma non mi sono fatto prendere dall'ansia di poter soddisfare le esigenze di tutti. Se il Signore lo vuole, ci pensa lui a fare in modo che io possa raggiungere chi ha bisogno. A volte (non ci crederete ma è proprio così) sentivo dentro di me il particolare bisogno di andare a trovare un ammalato, anche se razionalmente sarei potuto andare da altri perché visitati tempo prima o per altre ragioni. Molto spesso ho scoperto che quella situazione era particolare e che Dio chiedeva a me di andare proprio quel giorno, perché proprio quel giorno c'era bisogno della Sua presenza consacrata. All'inizio sembravano solo coincidenze, ma col tempo queste situazioni si facevano sempre più frequenti sino a convincermi proprio di questo fatto: non sono io che decido di andare e dove andare, è Lui che mi guida.

Anche il modo di incontrare queste persone non è stato difficile o dettato da qualche lista, qualcosa dentro mi muoveva verso quella persona e varie coincidenze mi spingevano e mi spingono tutt'ora ad incontrare nuove persone. Certo, bisogna rimanere con le orecchie del cuore un poco aperte. Ma credetemi, se lo faccio io, lo possono fare tutti.

I legami fraterni si sono creati cammin facendo con molte persone, legami tali da spingermi a volte, quando non trovavo il tempo per visitarle, a scrivere alcune lettere, proprio per non spezzare questo legame. L'affetto che loro provano per me è commovente, ma sicuramente non lo provano tanto verso la mia persona, ci mancherebbe altro, quanto piuttosto verso il servizio reso.

Sono arrivato al punto che quando vedo passare una carrozzina per strada mi accosto e senza nessun pudore (che a volte sarebbe saggio) attacco bottone per sapere se quella persona desidera che vada a trovarla.......il resto vien da sé. Oppure se sento accennare ad una persona ammalata, chiedo subito se non può uscire di casa, perché significa che il Signore lì mi chiama. Vorrei visitare e portare il Cristo a tutti gli ammalati della città e, se potessi, a tutto il mondo, ma non mi è possibile, se non attraverso la preghiera.

LETTERA AD UN AMMALATO

Carissimo, ti porto una buona notizia: Gesù ti ama! Sì, Dio Padre Onnipotente e Gesù Cristo suo figlio, nell'unità dello Spirito Santo ti ama! Altrimenti perché si sarebbe fatto inchiodare sulla croce per redimere anche i tuoi peccati e salvarti?

Soffri, lo so. Hai paura, le certezze che avevi una volta sono venute meno. Ma ti assicuro che non verrà mai meno l'Amore di Dio per te. Nella tua vita, a casa, in Ospedale, in una Casa di Riposo, in qualunque posto, forse puoi anche incontrare persone che si prendono cura di te, facendosi simili a Colui che per primo si prende cura di te: Gesù. Oppure può sembrarti di essere solo: ma non lo sei, Gesù sarà sempre con te e non ti lascerà mai. E se anche tu mi dicessi che non lo vuoi, anche se tu gli chiedessi di andar via, Lui non lo farebbe. "anche se una madre abbandonasse suo figlio, io non ti abbandonerò mai".

Fai fatica a sentirlo vicino. Ti domandi come può essere che Lui permetta questa sofferenza indicibile, se è un vero padre. Io, anche se ne ho la tentazione, non ti potrò mai convincere con la ragione umana. E' la grazia di Dio che opera in chi soffre questa trasformazione della sofferenza in offerta al Signore. Devi solo abbandonarti con semplicità alla Sua grazia. Tu ora questo non lo capisci. Non fa niente lo capirai più avanti. Fidati di Lui.

Un bimbo piccolo non capisce perché ha bisogno dell'affetto di sua madre. Ma quando è tra le sue braccia si sente sicuro, tranquillo sereno, protetto. Nell'animo di ogni uomo esiste questo bisogno di Dio. E come un buon padre più ne hai bisogno più lui si avvicina a te.

Sii forte nella fede e ti auguro un giorno di ripetere le parole di San Paolo: "sono lieto nelle sofferenze…e completo nella mia carne quello che manca ai patimenti di Cristo, a favore del suo corpo che è la Chiesa".

Come figlio, pur con rispetto, puoi rivolgerti al Padre e domandargli: perché Signore? Perché non fai cessare questa sofferenza? Perché proprio io? Dove sei?

Dio, autore della vita e della felicità non è l'inventore della sofferenza e della morte. Dio è il creatore e non il distruttore dell'uomo. "Io non voglio la morte del peccatore, ma che si converta e viva".

Il beato Giovanni Paolo II° una volta ha pronunciato queste parole che forse ti possono essere di aiuto: *"la tua sofferenza non è inutile. Cristo Signore ha assunto con la nostra natura umana, anche il dolore e la morte, e chiama tutti gli uomini, e in particolare tu che sei nel dolore e nella debolezza, a collaborare con lui per la salvezza del mondo. Solo la croce di Cristo può illuminare la nostra debole intelligenza e farle intravedere il significato profondo dell'umana e cristiana fecondità dell'amore"*.

Se tu riuscissi solamente a dire il tuo generoso "sì" all'accettazione della sofferenza per conformarla a quella di Cristo, sarebbe come dire un "sì" alla volontà di Dio, che spesso esula dalla nostra comprensione naturale, e ti darebbe almeno in parte quella serenità interiore che nessuna difficoltà esteriore può distruggere.

Dio ti assista e ti conforti, silenzioso operaio che costruisce la Chiesa di Cristo. Senza la preghiera di quelli come te la Chiesa sarebbe molto più fragile.

Grazie!!

Ora vorrei soltanto sfiorare il tema della morte. In un testo che parla soprattutto di vita e che vuole dare una sferzata di vita, parrebbe a prima vista controindicato parlarne. Ma nascondersi dietro il nostro destino terreno e rifiutarlo non mi sembra la cosa migliore. Siccome però non mi sento in grado di riferirVi cose significative che lascino in voi una serena impressione, sfioro appunto questo argomento solo con una pennellata, quella che dà Sant'Agostino e che è da molti conosciuta, ma non per questo dobbiamo tralasciarla. Credo invece sia importante ricordarla, ripeterla, perché nella vita di ognuno prima o poi abbiamo a che fare con nostra sorella morte e proprio perché non dobbiamo farci sommergere dall'onda dalla paura, preferisco riproporre la preghiera, visto che la chiave di lettura della morte, per me, è proprio la preghiera, cioè una dichiarazione di fede.

A te che piangi i tuoi cari

Se mi ami non piangere!
Se conoscessi il mistero immenso del cielo dove ora vivo, se potessi vedere e sentire quello che io sento e vedo in questi orizzonti senza fine e in questa luce che tutto investe e penetra, non piangeresti se mi ami!
Sono ormai assorbito dall'incanto di Dio, dalle sue espressioni di sconfinata bellezza. Le cose di un tempo sono così piccole e meschine al confronto! Mi è rimasto l'affetto per te, una tenerezza che non hai mai conosciuto! Ci siamo amati e conosciuti nel tempo: ma tutto era allora così fugace e limitato!
Io vivo nella serena e gioiosa attesa del tuo arrivo fra noi: tu pensami così, nelle tue battaglie pensa a questa meravigliosa casa, dove non esiste la morte, e dove ci disseteremo insieme nel trasporto più puro e più intenso, alla fonte inestinguibile della gioia e dell'amore.
Non piangere più se veramente mi ami!

DENTRO IL MONDO

Questo desiderio di stare con chi soffre, ammalato, disabile, povero, fragile fisicamente e psicologicamente, di qualsiasi sofferenza o debolezza di parli, se anche traspare dalla mia vita relazionale, non deve trarre in inganno.
Quando ti trovi in un contesto come questo, specialmente se sei anche tu fragile, e quindi riesci ad entrare più facilmente in empatia con chi ti sta di fronte, a capire quello che pensa, quello che spera (per questo Dio mi ha

reso fragile, per capire meglio come servire i deboli), ti verrebbe da pensare che questo tipo di vita basta a se stessa, e quindi fuggire dal dovere quotidiano. Invece no. Assolutamente no. Ci è voluto un po' ma poi ho capito che c'è bisogno di essere cristiani dentro il mondo, nel contesto di lavoro, nei rapporti con la scuola dei figli, in famiglia. E con l'aiuto di qualche sacerdote ho capito man mano che è proprio questa presenza silenziosa, quotidiana, questa goccia che scava la roccia, una cosa molto importante. Nell'anonimato di un mondo che sembra avulso da Dio, nell'incessante scorrere delle giornate nel "freddo" del lavoro, devi riuscire a trovare il modo, la via per lavorare in umiltà e gratitudine (cosa che non so se i miei colleghi vedono in me). Altro che fuggire, la prima testimonianza è lì, ed è anche la più difficile.

Ma quando sei sorretto dalla preghiera e dal legame continuo con Dio, anche se cadi e a volte sei esempio negativo per gli altri, sai che la strada da percorrere è quella, e Dio è misericordioso.

VOGLIA DI VITA

Prendo lo spunto da una canzone popolare di alcuni anni fa, ormai caduta di moda, non per svalutare la bellezza della voglia di vita, né per renderla superficiale. ....anche quando mangi per dolore e nel silenzio senti in cuore come un rumore insopportabile, e non puoi più alzarti e il mondo è irraggiungibile, anche quando la speranza, oramai non basterà.....c'è una volontà, che questa morte sfida, la nostra dignità, la forza della vita, che ti trascinerà con sé, non lasciarti andare mai.....

Quando toccherai il fondo con le dita a un tratto sentirai la forza della vita che ti trascinerà con sé....è la forza più testarda che c'è in noi che non si arrende mai.

Ora, quand'ero ragazzo questa canzone mi piaceva, al di là della musicalità, per questo contenuto non banale che sembrava trasmettere. Col tempo ho incontrato diverse persone che potrebbero smentire parzialmente le affermazioni ivi contenute, in quanto nei momenti in cui la malattia, la depressione si impadroniscono di te, ti sembra di non avere questa forza della vita. In realtà credo che questa forza esista, ma forse non una forza fatta di semplice coraggio o reazione di sopravvivenza (come la definirebbe il matematico e sedicente ateo Odifreddi). C'è qualcosa di più. Se noi partiamo dalla considerazione che la vita non è una sequenza naturale di avvenimenti più o meno logici, che la sua sorgente non sta nella chimica, ma in Dio, allora scopriamo un altro tipo di forza. Badate bene, ve ne parla uno che non ha studiato filosofia o filologia, ma uno che ha semplicemente e crudemente sperimentato sulla propria pelle, e non una sola volta, avere la mente che cade in fondo, nel profondo. La verità è che è proprio l'esperienza di vita ad alimentare se stessa, o meglio l'esperienza di Dio. Il nostro Padre trova per ognuno la propria strada per raggiungere la sua creatura, quindi non esiste un ricettario assoluto. Con me è stato l'intessere relazioni piene di significato, il volgere lo sguardo e il grembiule verso i più sofferenti, nel corpo e nella mente (oltre che nel portafoglio), lo sperimentare giornate con i disabili, il visitare l'ammalato, il parlare con gli alcolizzati, il tentare di salvare il tossicodipendente, il tentare di consolare una madre che aveva perso un giovane figlio per droga (se non fossi stato genitore anch'io non avrei capito alcune cose), il riacquistare il sapore di condivisione di giornate di lavoro con gente sincera e schietta, il ritrovare amici di vecchia data, la nascita della nipotina..........insomma il sentire di nuovo che la vita aveva un senso in quanto spezzata, donata per gli ultimi. Dio mi ha raggiunto così.

E se la vita ha un senso in Dio, ha un senso per tutti, nessuno escluso. Da chi può donarsi a chi può donare solo la propria sofferenza o la propria preghiera. Oppure l'esempio di un sorriso luminoso nonostante una condizione difficile. Tutto ciò mi fa venire in mente Chiara Badano, anzi la Beata Chiara Badano, o Chiara Luce come amano chiamarla, ed in particolare alcune righe lette su di lei.

Nel momento più caratterizzato dalla sofferenza, questa giovane ragazza, dal carattere raggiante specchio di un cuore libero, affetta da un tumore al costato tra i più dolorosi, scrive: "...Vi offro il mio nulla (agli amici), affinché lo Spirito Santo elargisca su questi giovani tutti i suoi doni d'amore, di luce e di pace, affinché tutti comprendano quale dono gratuito e immenso sia la vita e quanto sia importante viverla ogni attimo nella pienezza di Dio...Chiara riesce ad amare con tale discrezione che per chi l'avvicina diventa naturale il ricevere. Si fa dono e luce: non si appartiene più. Giunge a confidare: " un giorno non riuscivano proprio a trovarmi la vena per farmi la terapia; mi hanno mandato l'infermiera più esperta, ma inutilmente. Allora, dopo vari tentativi ne ha scoperta una piccolissima sul pollice che al minimo movimento rischiava di rompersi. Sono stata invitata a collaborare restando ferma ferma; il dolore era forte e, di istinto avrei mosso il dito, ma mi sono detta: questa farfalla è una delle spine che Gesù aveva sul capo, e per tre giorni non mi sono mossa. Il rumore delle gocce della flebo, nel silenzio della camera, erano come colpi di martello. Ho pensato ai colpi che Gesù aveva ricevuto mentre lo inchiodavano sulla croce, e ho offerto…"

La mamma racconta: "mentre le tenevo ferme le gambe nel letto, improvvisamente notai il suo volto sfigurato dal dolore. Mi fa cenno di avvicinarmi e, mettendomi una mano fra i capelli, che scompiglia delicatamente sussurra: "Mamma, ciao, Sii felice perché io lo sono" e fa segno con gli occhi, ormai spenti ma sempre luminosi di amore, che le sue parole valgono anche per il papà. Sta per entrare in coma, le chiedo "C'è la Madonna lì con te?". Sorride e annuisce, Le suggerisco allora di posare il capo sulla spalla di lei e di riposare. Chiara obbedisce e rimane col capo reclinato a sinistra, posizioni inusuale che verrà rilevata dal medico e confermata dalle fotografie.

Si "addormenta" serena, rilassata, con un dolce sorriso sulle labbra.

Adesso Chiara Luce (18 anni)non soffre più, vede Gesù, questa la raccomandazione che lei stessa aveva dato ai familiari e alle amiche di dire, una volta partita per il cielo.

NON LASCIARTI ANDARE

L'apostolo Pietro si è sentito chiamare "Satana" da Gesù allorquando gli disse, dopo aver da Lui ascoltato l'annuncio della Passione: "questo non ti accadrà mai!". Eppure poco tempo prima lo stesso apostolo era stato additato come il fondamento della Chiesa. Come mai? In realtà l'atteggiamento di Pietro non è molto distante dal nostro. Tendiamo, fisiologicamente, per natura, a rifiutare la debolezza, la fragilità, la sofferenza. Pietro era abituato a vedere in Gesù colui che compiva miracoli, che dava da mangiare a migliaia di persone, che risuscitava l'amico Lazzaro, che si dimostrava forte con i capi del popolo, i sacerdoti, che non aveva paura di castigare loro e i mercanti del tempio. Insomma, per farla breve, un vincente. Ma quando il Signore gli mostra che il suo essere re non è di questo mondo, gli mostra cioè la sua debolezza, e che nella sofferenza si manifesta la gloria di Dio, Pietro, diremmo noi moderni, va in "tilt". Qualcosa non gli torna. Eppure Egli aveva predicato in continuazione la sua predilezione per i poveri gli ammalati, gli assetati, ma fino a quando la predicazione rimaneva sul piano teorico, tutto andava bene. Anche noi del resto facciamo così. Anche noi professiamo di credere in un Cristo che afferma queste cose. Ma quando la malattia, l'angoscia, l'handicap bussano alla porta della nostra vita o della nostra famiglia, allora ci sentiamo travolti da qualcosa che sembra più pesante di noi ed è più facile fuggire dalla realtà. Per questo motivo, sono tra l'altro riconoscente, a tutte quelle persone che ho incontrato e che mi hanno dimostrato di mantenere la loro dignità di vita molto alta, nonostante le situazioni difficili che li hanno toccati. Genitori di ragazzi disabili dalla nascita, ad esempio, che vogliono bene al loro figlio per quello che è, al di là della disabilità o della inferiorità. Certo. Cosa avranno pensato questi genitori quando è stato comunicato loro che il figlio non sarebbe stato come nei loro sogni? Quante notti avranno passato insonni? Quanti giorni con il fiato corto e il cuore che sembrava arrivare in gola? Eppure, vi assicuro, io ho davanti esempi di vita che ce l'hanno fatta e che testimoniano ogni giorno il loro sacrificarsi per il figlio disabile, tetraplegico, o comunque "diverso". Avranno veramente capito come si legge nei libri che lui ha doti che gli altri non hanno e che comunque gli deve essere voluto bene nonostante tutto? Forse sì, ma non credo sia solo questo. Dentro di loro è cresciuta una forza misteriosa che ha dato la consapevolezza che Dio ha strade diverse in cui mostrare il suo volto, e che certe cose, se guardate con gli occhi della fede e della speranza, rendono forti come la roccia. Il mio grazie a queste persone, a questi esempi viventi.

Ma la malattia o l'infermità si può mostrare in tanti modi. Come non lasciarsi sopraffare? Bè, credo che se avessi una risposta precisa a questa domanda, sarei la prima persona nella storia dell'umanità, visto che sin dai tempi più antichi l'uomo si chiede perché è piccolo e fragile di fronte al suo Creatore. Piuttosto la risposta non la cercherei dentro di me, ma nel cuore della fede, nella Sacra Scrittura e nella vita di Gesù Cristo, aiutato dall'esperienza di quelle persone che fanno parte del corpo di Cristo che è la Chiesa. Dio ha scelto di nascere e morire soffrendo, donando la propria vita. Questa è la risposta che posso dare io, da povero uomo fragile. E se Lui ha fatto così è perché non solo voleva darci un messaggio, ma voleva darci il messaggio principale della sua venuta nel mondo. La sua venuta nel mondo ha dimostrato che l'uomo può essere debole e sofferente agli occhi del mondo, ma la sua dignità di figlio di Dio e fratello di Cristo non cambia e non cambierà mai nel corso dell'eternità. Questo il vero dono! La gioia che ci è stata donata. Come dice l'apostolo non siamo già stati salvati per mezzo di colui che ha dato la sua vita per noi. Più riusciamo ad avvicinare questo sentire interiore alla nostra vita concreta e più sperimentiamo che qualunque cosa ci succeda noi non ci possiamo lasciare andare mai. Per cui mi sento di lanciare un appello a tutti coloro che sono nella sofferenza: non lasciatevi andare mai. La vita è un bene assoluto, anche quando tutto sembra buio, quando non si intravede futuro, quando ti senti che il peso sulle tue spalle ti schiaccia, tu reagisci, fatti forza, spera e, se riesci, credi. Ci sono passato e ci passerò ancora, senza dubbio in situazione con minore intensità di tanti di voi, ma vi assicuro che ci sono passato. Non lasciate che il male prevalga sulla vostra vita che è un bene supremo, da onorare fino all'ultima goccia di sudore e di sangue. Se combatterete la buona battaglia con la fiducia che Dio non si dimentica nemmeno di un capello del vostro capo, Lui non vi farà mancare la propria forza. Il silenzio di Dio vi sembrerà la cosa più inspiegabile, ma senza quel silenzio il nostro "io" rimarrà sempre umano e non si eleverà mai all'"io" di un figlio di Dio. Non tutti quei membri del corpo di Cristo vi sembreranno dare l'esempio giusto, anzi forse rimarrete delusi da molti di essi. Ma la loro fragilità nel peccato è stata sconfitta, una volta per sempre. Cercate di scoprire nelle cose più semplici della vita la vera felicità, nei rapporti umani, nella famiglia, nel servizio vicendevole, nel perdono, fonte di liberazione interiore. Non siate delusi se con la sofferenza la vostra idea di superuomo che potreste, forse, esservi cuciti addosso (chi più chi meno) è andata in frantumi. Anzi, ringraziate Dio per questo. Ringraziare Dio per la malattia? Sì ringraziatelo, perché è proprio grazie ad essa che voi potete scoprire innumerevoli aspetti della vita che altrimenti si sarebbero persi. Non per masochismo o per il gusto di farci male, ma perché siamo coi piedi per terra, legati alla realtà, non al sogno. Dio non è un sogno, è vissuto in questa Terra come noi. La beata Chiara Luce disse "Mamma, i giovani sono il futuro. Io non posso più correre, però vorrei essere la loro fiaccola. Hanno una vita sola e vale la pena di spenderla bene". Quindi fate ricorso a tutte le vostre energie, fisiche, morali, spirituali, fatevi aiutare da amici veri se potete, ma apritevi alla vita, sempre e comunque, contrastate ogni idea in voi che sa di morte, di peccato, di sconfitta. Viva la vita, sempre! Grazie Dio per la vita! Sempre e comunque sia. E' facile dirlo quando si sta bene e va tutto bene, ma tu sei capace di dirlo sempre, io lo so, tutti, se vogliamo lo possiamo dire.

E se proprio la sofferenza sembrerà avere sconfitto il nostro corpo, ricordiamo quanto disse il Vescovo alla conferma del mandato per i ministri ausiliari della Comunione: il grande patrimonio della Chiesa non va perduto! Si riferiva, spiegando, alle innumerevoli offerte a Dio delle loro sofferenze che milioni di persone nel corso della storia hanno dato e danno tutt'oggi. Offrite a Lui la vostra sofferenza, tutto per Suo amore, ed Egli, misteriosamente custodirà la vostra offerta.

Lo ripeto, Lui è padre, e perciò ascolta anche il vostro lamento, il vostro non capire, ma la cosa più grande che dà un padre è l'amore per i suoi figli. Abbiate fiducia in Lui.

PREGHIERA A MARIA PER GLI AMMALATI (recitata in Parrocchia)

Madre di Gesù, Madre mia,
sei la più vicina a coloro che soffrono
poiché non hai lasciato, neppure per un istante,
 tuo Figlio quand'era sulla croce.
Il tuo cuore sanguinava
Quanto la sua carne
E la sua passione fu anche la tua.

Adesso che altri dei tuoi figli
Si trovano crocifissi,
chinati su di loro, non abbandonarli,
affinché guardandoti semplicemente,
possano di nuovo credere,
nella bellezza, nella felicità, nella vita.

Il male di cui soffrono
non può trovare guarigione
che nella tenerezza e nell'amore,
in un sorriso venuto dal cielo.
Sei tu che hai cantato: "Magnificat!"
pur sapendo che una spada
doveva trapassarti il cuore;
insegna loro il tuo canto e poniti loro accanto.

O madre dolorosa,
soccorri i tuoi figli che soffrono,
perché abbiano consolazione nel cuore.
Amen.

Gli ultimi fra gli ultimi: una vocazione nella vocazione

Molti, anzi moltissime persone, tante in silenzio, offrono la loro vita per aiutare gli altri, anche chi è in difficoltà. Chi lo fa nel silenzio della famiglia, chi lo fa nelle attività extra casalinghe. Solo Dio conosce il cuore dell'uomo, solo lui sa cosa vive dentro ogni uomo. E' pertanto evidente che questo breve testo non vuole evidenziare una esperienza di donazione di vita, sarebbe inutile, bensì intende porre in evidenza a tante persone, che, credetemi, non le conoscono, situazioni di vita e di sofferenza, che debbono smuovere il cuore e la mente di ognuno. Se si riuscisse anche solo un poco a fare questo, il libro avrebbe già raggiunto il suo risultato.

Voglio ribadire che uno degli scopi principali di questo testo è portare a conoscenza agli uomini del nostro mondo occidentale, che vive un profondo tempo di apatia del cristianesimo(senza voler assegnare nomi obbiettabili), tutta una serie di situazioni di rifiuto, di abbandono, di sofferenza, che ai più risultano nascoste. Questo nascondimento non dipende tanto dalla impossibilità di toccarle con mano o di vederle, quanto piuttosto da una tendenza consolidata a vivere isolati, spesso con la ferma volontà di non voler parlare o vedere determinate situazioni, perché completamente fuori dai binari del vivere moderno.

La mia volontà è pertanto quella di portare alla luce queste realtà difficili, e se si conoscono appena, sottolinearne alcuni tratti interiori. A volte il mostrare e ribadire queste situazioni è sintomo di una volontà di denuncia, di grido, di condanna del relativo silenzio. E' perché io possa essere voce di chi non ha voce.

La proposta che scaturirà da questo testo non sarà fuori dall'ordinario, ma vuole essere uno sprone affinché ogni famiglia tenti di vivere il messaggio evangelico con maggiore radicalità.

Io e mia moglie scegliamo quotidianamente di vivere al servizio della nostra famiglia. Infatti la vocazione madre è quella della famiglia, il Sacramento del matrimonio al quale siamo stati chiamati. Questo è stata, è, e rimarrà sempre non solo l'apice del nostro desiderio, ma anche il fondamento sul quale ogni cosa viene costruita, più o meno piccola che sia. Senza sentire che Dio fa parte della nostra unione matrimoniale tutti i giorni, non è possibile condividere i principi a cui Cristo stesso si è appellato e ci ha donato.

Se il servizio ai bisognosi diventa una via per fuggire dalle nostre responsabilità familiari, s'innesca qualcosa di distorto che concede fiato corto a tutto ciò che si pensa o si fa.

Altre persone, molto meglio di noi, hanno fatto scelte cristiane radicali: la vocazione al sacerdozio, alla vita claustrale, alla consacrazione agli ordini femminili e così via. Tanti di questi si mettono al servizio quotidiano degli ultimi. Ma non basta. La vera novità che voglio dichiarare fortemente è che anche la famiglia può servire i sofferenti. Nel suo agire quotidiano, lottando contro il tempo per far combaciare il lavoro, la casa, l'educazione dei figli soprattutto.

Ma perché questo è possibile? Perché non stiamo parlando di due realtà diverse: la famiglia e "gli altri che hanno bisogno". Stiamo parlando di un'unica dimensione di vita, che fa proprio il messaggio cristiano e, fra gli errori ed i peccati di tutti i giorni, tenta di seguire la luce di Dio.

Avrete forse notato che io non ho parlato generalmente di bisognosi o sofferenti. Ho detto appositamente "gli ultimi fra gli ultimi", qualcuno disse i più poveri tra i poveri. E' una scelta all'inizio, poi col tempo scopri che non sei tu a scegliere ma è Dio che ti chiama, e te lo fa capire con una chiarezza che nemmeno te lo immagini, perché il vento dello Spirito travolge la tua anima, la inquieta, e trova riposo solo quando riposa in Dio. La scelta di questi ultimi e non di tutti è data anche dall'esigenza di far combaciare la vita familiare con i tempi del servizio.

Non tutti sono chiamati a servire gli ultimi tra gli ultimi, non tutti sono obbligati: noi ci sentiamo amati da Dio per questo dono.

Il modo in cui incontrare queste situazioni? Quando sei chiamato, e almeno un poco preghi, Cristo stesso ti indica la via, e solo il toccare con mano la carne di queste persone puoi donarti. Ecco perché il libro parlerà di incontri e non di teorie, di condivisioni di vita, di fremiti, di errori, e non è un testo di filologia o filosofia. Qui si parla di vita, di vita vera, fino nel profondo delle viscere della vita; altro che pessimismo o visione negativa del mondo. Questo lo dice chi non ha mai provato.

In definitiva penso che questa sia la vocazione per ultimi degli ultimi nell'ambito della vocazione matrimoniale.

Sono una persona fragile fisicamente, moralmente, spiritualmente. Ma offro la mia fragilità nelle mani del Signore perché sia lui a plasmare la mia vita.

Intendiamoci, anche a Soresina, come in tutto il mondo, ci sono persone che danno la loro vita per gli altri, ed in modo molto più forte di noi, io voglio semplicemente usare questo mezzo di comunicazione per far conoscere certe realtà che ai più sono celate.

(tutti i nomi riportati nel libro sono volutamente casuali, ma le persone e i fatti assolutamente veri e verificabili)

Vorrei aprire con un testo sacro, affinché non si parli di evidenza del trionfo del male, o di visione pessimistica della vita, e affinchè si sappia che ogni uomo è figlio di Dio, e pertanto la vita è sacra.

Dal libro della Sapienza

Dio non ha creato la morte e non gode per la rovina dei viventi. Egli infatti ha creato tutte le cose perché esistano ; le creature del mondo sono portatrici di salvezza, in esse non c'è veleno di morte, né il regno dei morti è sulla terra. La giustizia, infatti, è immortale. Sì, Dio ha creato l'uomo per l'incorruttibilità, lo ha fatto immagine della propria natura.
Ma per l'invidia del diavolo la morte è entrata nel mondo e ne fanno esperienza coloro che le appartengono.

Le persone con problemi di salute mentale

Una forma di povertà non sufficientemente conosciuta sta nelle persone che soffrono problemi di salute mentale. Non è corretto generalizzare perché si rischiano errori interpretativi, ma mi corre l'obbligo di riassumere brevemente alcune situazioni.
Conosco da molti anni Lucia, una distinta signora di quarant'anni circa, che sin da giovane soffre di problemi depressivi, che le hanno causato periodi di profonda sofferenza, alternati a periodi in cui è stata meglio e ha potuto condurre anni abbastanza sereni. Non si tratta di una persona inserita in contesto famigliare con la possibilità di avere supporto da parenti. Non ha nessuno. Quando l'ho incontrata la prima volta anch'io non ero affatto in un periodo felice della mia salute (vedasi Attenzione Fragile del mio precedente libro). Oltre ad avere il peso e, diciamolo fuori dai denti, la vergogna di avere problemi mentali, deve cavarsela da sola e trovare da sé le energie per farlo. Chiara situazione di sofferenza, aggravata dalla solitudine e da un tipo di malattia che causa giudizio altrui, paura, lontananza, esclusione dalla vita sociale. Proprio perché ultima tra gli ultimi non potevo che avvicinarmi a lei. Abbiamo mangiato insieme, siamo diventati amici, abbiamo trascorso un periodo con un rapporto semplice ma costante, fino a che la stabilizzazione della malattia e l'aggancio con alcuni suoi amici che soffrono più o meno gli stessi problemi, hanno fatto pian piano affievolire il

rapporto. Non vista da un po' di tempo, mi sono informato. Lucia stava male, dopo avere per un pelo evitato il ricovero coatto in Ospedale, è stata ricoverata in una struttura chiamata C.R.A, una volta C.R.T. Ormai queste sigle servono per nascondere i veri nomi, e io ci capisco poco. Decido di andare a trovarla. Nel cuore della città di Cremona esiste un edificio che pare una casa di tanti anni fa, forse appartenuta a persone nobili, forse costruita dallo Stato. Chi lo sa. La prima cosa che mi colpisce, passato il cancello è il vuoto. Sono le sei del pomeriggio. In uno spazio molto ampio non si vede anima viva, neanche una macchina (e fuori dal cancello un traffico bestiale). Lascio la macchina e mi inoltro in un giardino. Nessuno. Un cartello CRA, mi dice che forse non ho sbagliato. Entro, vedo un uomo, che si muove come un automa, sembra pieno di paura, davanti alla macchina delle bevande. Il suo sguardo fisso. Tante persone qui hanno lo sguardo fisso. Una scalinata, una voce che piange e si dispera mi spinge a salire. Entro e vedo un gruppo di persone che stanno parlando comodamente attorno ad un tavolino, sedute su alcuni divani. Mi avvicino, ecco Lucia (non era lei che piangeva). Mi sorride, è contenta di vedermi (perché? Ma!), l'educatrice intuisce e subito dice a Lucia che poteva scendere con me a fare un giro. Scendiamo e ci sediamo comodi su due sedie. Nel frattempo alcune persone passano vicino a noi senza guardarci, con una camminata lenta, movimenti controllati, silenzio. Ci mettiamo a discutere del più e del meno, e con una parlata molto lenta (che si vedeva distorta dai farmaci), mi racconta di quello che è successo. Cosa posso dirle? Che io la farò guarire? Ma non sono andato da lei per questo. Volevo soltanto che sapesse, e gliel'ho detto senza problemi, che io sono lì per lei, che non è vero che non ha nessuno, e che di qualsiasi cosa avesse bisogno poteva chiamarmi, una volta uscita venire a trovarmi, anzi a trovarci, visto che era affezionata alla mia famiglia. Si sente talmente serena che ciò le dà il coraggio di presentarmi un suo "amico" che convive negli stessi stanzoni. Sembra messo un poco peggio di lei, ma anche lui mi dice: "quando tornerò a casa sarò solo". Ricordo che da bambino quando ero in colonia, mi descrissero un manicomio. Ecco, io l'ho sempre pensato strutturato così, con quei soffitti alti, le mura spesse, fuori dal mondo, tanto silenzio, persone che basta guardarle in faccia per capire che qualcosa non va.
Ma ci pensate alla sofferenza di queste persone? Ci pensate alla loro disperazione? Forse Lucia un giorno tornerà a casa, ma tutti gli altri? Lei stessa mi dice che per alcuni il periodo terapeutico dura mesi, anni. Di quelle quindici persone solo a due ho potuto dire "io sono qui per te, chiamami quando vuoi, se ti occorre qualcosa sai dove trovarmi".

Ma siamo in mezzo a Cremona! Ci pensate? E loro, soli, disperati, senza futuro. MA NON SENZA DIO. Anzi nel loro corpo, nella loro mente, sono presenti le piaghe del Croficisso, e per questo non solo sono figli di Dio, ma sono figli prediletti da Dio. Ed io sono riuscito, ce l'ho fatta a chiederle scusa, ve lo giuro, ce l'ho fatta, le ho chiesto scusa per non esserle stato sufficientemente vicino.

Non so perché ma quando sono entrato per un'altra conoscente in psichiatria all'Ospedale non ho trovato un ambiente così, mi sembra più simile ad un reparto normale di Ospedale, anche se le facce quelle sono sempre le stesse. Ce ne sono tanti anche nelle nostre cittadine, chiusi in casa o no, difficilmente con un lavoro, con una profonda sofferenza e con addosso il giudizio, il pesante fardello del giudizio.

Non dimentichiamoli, vi prego, non dimentichiamoli.

Per inciso vorrei tornare alla Sacra Scrittura per evidenziare come ogni cristiano che si sente appartenente alla Comunità e portatore non del suo messaggio, ma di quello di Cristo, possa trovare ristoro nelle parole dell'apostolo Paolo, sentendole come sue. Io le sento come mie, e non temo giudizio al riguardo.

<u>Dalla seconda lettera di san Paolo apostolo ai Corinzi.</u>
Fratelli, affinché io non monti in superbia, è stata data alla mia carne una spina, un inviato di Satana per percuotermi, perché io non monti in superbia. A causa di questo per tre volte ho pregato il Signore che l'allontanasse da me. Ed egli mi ha detto: "Ti basta la mia Grazia, la forza infatti si manifesta pienamente nella debolezza".
Mi vanterò quindi ben volentieri delle mie debolezze, perché dimori in me la potenza di Cristo.
Perciò mi compiaccio delle mie debolezze, negli oltraggi, nelle difficoltà, nelle persecuzioni, nelle angosce sofferte per Cristo: infatti, quando sono debole, è allora che sono forte.

Gli ammalati nelle Case di Riposo, in particolare quelli dimenticati.

Si sa, gli anziani, unitamente alla loro saggezza, portano con sé nel corpo o nella mente o in entrambe i segni delle fatiche vissute, specialmente quelli che si trovano ora ad essere anziani e che hanno provato la guerra, duri sacrifici fisici. Alcuni interventi sociali sono a loro sostegno, tante famiglie se ne occupano, danno loro fiducia nella vita con la cura dei piccoli ecc. Ma purtroppo esistono anche anziani che non possono essere tenuti a casa, perché in condizioni troppo indigenti, o perché pericolosi per se stessi. Allora le famiglie sono costrette, non sempre, ad usufruire delle Case di Riposo (le chiamo così per capirci ma ogni tipologia ha una sigla diversa, lasciamo stare...). Già qui il passaggio dalla propria casa alla Casa di Riposo è per me un pugno nello stomaco. La riduzione di dignità è spesso evidente, l'autostima pure. Poi ci sono gli ultimi. Cioè quelli che vengono da luoghi lontani, magari visitati a Natale e Pasqua dai familiari, o magari senza familiari.

Nel mio giro la domenica mattina nei reparti ne vedo di tutti i tipi, ma quelli che preferisco, sono quelli nella stanzetta, su un letto, come Mariuccia. Mariuccia ha un arto amputato, è raggomitolata su di sé, lancia in continuazione urli di dolore, nessuno la viene a trovare. Non posso fare molto, fuorché avvicinarmi, attaccar bottone, farle un poco di coraggio e chiederle un sorriso. A volte lo fa, a volte no. E quanto sono benedetti da Dio coloro che si occupano di lei come di tanti altri, certamente solo se lo fanno con rispetto, come di solito succede. Non pensiate che Mariuccia sia poi tanto anziana, non supera i 60, ma ne dimostra più della madre.

Ci vuole gente che abbia la voglia e il tempo per andarli a scovare, con rispetto, dell'Istituzione e delle persone, con garbo. Se c'è tanto lavoro per uno in due sarà meglio, no?

E che dire degli ammalati di Alzheimer. Bello il loro aspettarmi alla domenica mattina (ma non dovevano perdere la memoria questi?). Quanti sorrisi, quanti abbracci, anche qualche bacetto.

UNO SGUARDO AL MONDO
I rifiutati nel mondo sopravvivono con i rifiuti

Kenya

Dandora è la discarica di rifiuti più famosa e più grande del Kenya e la più inquinata del pianeta. Ma ognuna delle centinaia di piccole e grandi baraccopoli che brulicano il centro di Nairobi, ha il suo cuore nero, disperato e maleodorante, dove la città abbandona gli scarti della vita quotidiana. Centinaia di migliaia di individui a Nairobi vivono qui, e nelle

discariche di rifiuti ci piegano la schiena in cerca di qualcosa con cui poterci vivere, mentre respirano veleni.
Sugli scarti depositati dai grandi hotel si accumulano rifiuti pericolosi, come quelli ospedalieri. Siringhe, medicinali scaduti, garze infette, ma può anche capitare di trovare resti di interventi chirurgici. Preziosi sono vetro, ferro e plastica, e a dar loro l'assalto sono i ragazzini, sotto gli occhi di chi controlla il racket dei rifiuti. Le donne, ragazze madri o vedove, parcheggiano i loro bambini su cumuli di rifiuti, a respirare le esalazioni tossiche, prima di mettersi alla ricerca di cocci di birra o delle lattine di bibita, da rivendere a chi ricicla vetro e alluminio. Gli "insediamenti informali", come il governo classifica le baraccopoli di Nairobi, possono raggiungere le settecentomila persone dello slum di Kibera, dove spesso a uccidere, sono anche i morsi dei cobra.

Cina

Guiyu, provincia cinese, è un buco nero nella pretesa di benessere della Cina. La città è il maggior centro di smaltimento di materiale tecnologico del Paese. Per un compenso di 8 dollari al giorno, si lavora a contatto con materiali tra i più tossici. Acidi utilizzati per sciogliere la plastica e il piombo; la diossina ha inquinato aria, suolo e acqua, provocando un elevato numero di tumori, aborti spontanei e malformazioni

Brasile

Per 34 anni Gramacho è stata la maggior discarica di Rio de Janeiro. Ben 1.700 catadores (raccoglitori) frugavano nei 130 ettari di superficie, coperta di rifiuti, alla ricerca di qualche materiale da rivendere. Ora, però, il flusso di 9.000 tonnellate di spazzatura al giorno è stato interrotto. Le autorità l'hanno chiusa perché temevano che la terra porosa della zona facesse entrare i rifiuti nella baja limitrofa, inquinandola. I ragazzi catadores, ora, con la chiusura, hanno perso la loro unica fonte di reddito per sopravvivere.

Città del Messico

Come 247 campi da calcio allineati. Uno dopo l'altro. Nella discarica di Bordo Ponente, in 1.500 trovano un lavoro rovistando nella spazzatura. Qui un pepenador, raccoglitore di spazzatura, guadagna ben 28 euro alla settimana. Incredibile. Il problema è che stanno cercando di chiudere l'immondezzaio, e tutta questa gente come farà a mangiare?

Bangladesh

Per una ventina di chilometri, la costa presso Chittagong, seconda città del Bangladesh, è caratterizzata dalle attività di demolizione di navi. Senza strumenti adeguati, con scarsa attenzione ai danni ambientali e alla salute, migliaia di adulti e bambini trovano lavoro per 10 dollari al giorno. Un'industria che è vita, sebbene precaria, per tre milioni di persone, ma condanna per tanti che vi prestano la loro opera

Italia

Migliaia di prostitute dichiarate, altrettante quelle nelle case. La maggior parte lo deve fare per schiavitù e per sopravvivere, o perché costretto da veri e propri sfruttatori. Tutto questo per soddisfare i desideri di tre milioni di uomini, in buona parte sposati e padri di famiglia (fonte: Avvenire). L'AIDS miete vittime, in Italia, in Africa, in tutto il mondo.
Quanto è facile il giudizio, il pregiudizio, il colpevolizzarli, loro e le loro famiglie.
Solo un appunto: sono loro i prediletti di Dio (prego leggasi un libro chiamato Vangelo, grazie).

PREGHIERA DEL SOFFERENTE

Signore non castigarmi nel tuo sdegno,
putride e fetide sono le mie piaghe.
Sono curvo e accasciato,
triste mi raggiro tutto il giorno.
Sono torturati i miei fianchi,
in me non c'è nulla di sano.
Afflitto e sfinito all'estremo,
ruggisco per il fremito del mio cuore.
Signore, davanti a te ogni mio desiderio
E il mio gemito a te non è nascosto
Palpita il mio cuore,
la forza mi abbandona,
si spegne la luce dei miei occhi.
Amici e compagni si scostano dalle mie piaghe,
i miei vicini stanno a distanza.
In te spero, Signore:
tu mi risponderai, Signore Dio mio.
Non abbandonarmi, Signore, Dio mio,
da me non stare lontano;
accorri in mio aiuto,
Signore, mia salvezza

<u>Da sapere</u>

Dati ufficiali(verificate se necessario).
Circa 24.000 persone muoiono ogni giorno nel mondo per fame o cause ad essa correlate. Tre quarti dei decessi interessano bambini al di sotto dei cinque anni d'età. Oggi, il 10% dei bambini che vivono nei cosiddetti Paesi in via di sviluppo muoiono prima di aver compiuto i cinque anni di età. La maggior parte dei decessi è causato da malnutrizione cronica. I nuclei familiari semplicemente non riescono ad ottenere cibo sufficiente. Questo a sua volta è dovuto all'estrema povertà. Si calcola che 800 milioni di persone soffrano per fame e malnutrizione, circa 100 volte il numero di persone che effettivamente ne muoiono ogni anno. E le malattie? Ebola, AIDS, altre malattie che sarebbero sconfitte con un minimo di vaccinazione? Quanti sono i morti? Nessuno li conta.

<u>**I portatori di handicap**</u>

Lo so il titolo non è appropriato perché non è moderno. Ma lo scrivo appositamente così. So benissimo che c'è stato un periodo in cui bisognava chiamarli disabili ed ora diversamente abili. Segno che i tempi sono cambiati e ci sono persone che hanno imparato col tempo a vedere diversamente queste persone, nel senso di coglierne gli aspetti positivi, evidenziando che ognuno ha una propria abilità, loro l'hanno diversa, ma ce l'hanno.
Però io credo che questo concetto sia ancora troppo teorico nella gente. Se ne parla sempre con prudenza, ma per fare esperienza di che cosa significhi bisogna avere un contatto con loro.
Una volta una brava psicologa che dirigeva un centro per questi ragazzi, mi ha fatto fare una gran brutta figura. Per la giornata mondiale del malato avevo proposto alla sig.a che venissero portati anche i disabili del centro in chiesa per il Rosario e la Messa. Cosa? Mi rispose. Ma va proprio nella direzione opposta di quello che cerchiamo di far capire a questi ragazzi e alle loro famiglie. Cioè che non sono ammalati, sono diversamente abili! Lei aveva ragione poveretta, ce la stava mettendo tutta per fare il suo lavoro bene. E ci stava riuscendo benissimo. Il Centro è insostituibile e lavora molto bene. Non sto scherzando né prendendo in giro nessuno. Solo che la mia visione cristiana della vita forse è un tantino diversa dalla sua. Io non volevo considerare i ragazzi delle persone inferiori perché malate, ma proprio perché non posso bendarmi gli occhi, avrei voluto che i loro problemi, le loro difficoltà quotidiane (superiori agli altri), in una parola la loro sofferenza fosse offerta al Signore e fosse affidata alla protezione di Maria, nel ricordo di Lourdes.
Andate a dirglielo ai genitori di questi ragazzi che non è importante per loro affidare la loro vita al Signore e all'aiuto della Madonna. Ma abbiate il coraggio di dirlo però che vorreste anche voi avere un figlio così. Poi i genitori di questi ragazzi sono talmente impregnati di sofferenza dedicata che alla fine con l'aiuto del Signore sono loro stessi a dirti: mio figlio non lo cambierei con nessuno. Ma non che godano o abbiano gli occhi bendati per non vedere le difficoltà che i figli devono incontrare (non sto parlando delle barriere architettoniche ma delle barriere mentali e umane).
Questo in fondo è anche il motivo per cui il mio titolo è stato: i portatori di handicap. Perché voglio vedere le cose con uno sguardo sincero, libero da tante ipocrisie e guardare queste persone in faccia.
Quando ci incontriamo con il gruppo "Amico di Vetro" non c'è mai stata una volta che abbiamo dovuto dire: "che serata triste, noiosa, silenziosa". E'

sempre un momento o una giornata segnata dal buon umore e dall'allegria. Gli sguardi della gente vogliono sempre dire le stesse cose di cinquant'anni fa, del tipo "poveretti", che brutte cose ci sono nella vita, meglio girare la testa da un'altra parte e non pensarci, speriamo che non capiti a me, noi sì che siamo fortunati, così si divertono un poco anche loro poverini…

E pensare che noi amici ci stiamo divertendo non perché "il nostro animo è libero quando si aiuta una persona handicappata", ma perché stiamo bene insieme a loro, in mezzo alle giornate lavorative trascorse con la corsa all'efficienza, all'esteriorità, alla capacità di mostrarsi, finalmente un po' di tranquillità e libertà, con gente che non rincorre i tempi, ma che sa godere della vita. Confesso che a volte, anche se non nel profondissimo, l'ho pure pensato: "fortunato lui" (riferito al diversamente abile).

Tra questi ragazzi però non tutti hanno la fortuna di avere una famiglia che sa dare loro la possibilità di andare a scuola, la possibilità di fare ippoterapia, la possibilità di fare degli sport di gruppo, di mandarli al mare, e di fare tutto ciò di cui hanno bisogno.

C'è anche qualcuno che si limita, se è fortunato, a frequentare il centro, vedi Bruno e Guido, che non ha dietro di sé una famiglia danarosa, che è carico di altre difficoltà ecc.

Il mio sguardo vuole rivolgersi soprattutto a questi, perché non siano dimenticati, ma sentano per loro le stesse attenzioni e lo stesso amore di cui godono gli altri. E state sicuri che chi ne fa esperienza ne è ripagato, non solo in futuro, ma subito. Vi suggerisco di parlare sia con chi li aiuta che con qualche ragazzo, e scoprirete con un contatto diretto, umano, un abbraccio, un mondo diverso, possibile e senz'altro più ricco e sereno del nostro.

Chiedo quindi, al Signore, che dia la forza a chi conosce questi ragazzi, specialmente quelli più isolati ed in difficoltà, di testimoniare con la propria semplice vicinanza il comune amore per la vita.

Chi non ha un tetto

Ho incontrato persone che non hanno la possibilità di vivere in una casa, ma sulla strada, giorno e notte, estate ed inverno. Sono persone che sono arrivate a questa situazione attraversando strade diverse, a volte frutto di famiglie disgregate o molto povere, a volte per scelte personali di cui debbono pagare lo scotto. Vedi ad esempio l'alcool, la tossicodipendenza, i furtarelli. Anche nei nostri centri urbani, anche oggi nel 2012, esistono situazioni di questo tipo.

Si tratta di persone che sono state forgiate ad avere la pelle dura, ad avere scaltrezza, anche se a volte dietro, sussiste una fragilità di base, che difficilmente verrà sanata.

Penso a Franco, che dopo aver dormito un anno intero in un garage, ed anche a −14° non c'era modo di riscaldarsi, ha perso pure la possibilità del garage ed il prossimo inverno sarà un bel problema. Di solito non si fa nulla di speciale, si cerca qualche comunità per accoglierlo, legandolo a qualche patologia quale la tossicodipendenza, ma se poi lui non ha la volontà o la capacità mentale per rimanervi diventa dura, perché il difficile non è farlo entrare, ma convincerlo a rimanere quando manca la sostanza. Non sono così certo, come un po' di anni fa, che il problema se lo siano cercato loro e adesso pagano. Al proposito ho conosciuto un padre di un ragazzo che è morto di eroina, forse tagliata male, ed era abbastanza evidente e certo che il fattore "compagnia" ha giocato un ruolo determinante nella caduta del ragazzo nell'eroina. Ragazzo buono e mite, che purtroppo si lasciava trascinare dal "branco" per non esserne escluso. Quando il padre mi parla di lui, gli si inumidiscono gli occhi, la voce si fa tremula, e lunghi sospiri intercalano il discorso.

Oppure penso a Giulio, che ha avuto una vita segnata sin dalla nascita perché la famiglia era troppo fragile ed è stata colpita da problemi molto seri di salute, di handicap, di povertà, di perdita di lavoro. Qualcosa si è riuscito a fare per questi ragazzi, ma lui ora è praticamente solo al mondo e sopravvive ai margini della strada.

Come aiutare ragazzi come Giulio? Non è facile. Anche perché arrivati ad una certa età è difficile ritornare a plasmare il carattere; si cerca di non farli sentire soli, fargli capire (non semplicemente a voce) che c'è qualcuno che si interessa ancora di loro e del loro destino. Si possono cercare abitazioni attraverso vie pubbliche o private. Certo che quando d'inverno ti suonano il campanello a −10° (dico dieci gradi sottozero non so se mi spiego), con davanti tutta la notte, io fatico a mandare giù il boccone, chiudere la porta e buttarmi nel letto con lo scaldasonno. Non credo sia solo solidarietà animale nella sopravvivenza a smuoverti dentro, credo ci sia qualcosa in più. E allora qualcosina gli dai, ma il boccone non va giù lo stesso perché capisce che la differenza tra quello che Dio sta donando a te e quello che sta capitando a lui è abissale. Ve lo giuro. Quante volte mi è venuta in mente la parabola di Lazzaro che raccoglie le briciole: la continuazione nell'aldilà con io che chiedo una goccia d'acqua per l'arsura non lascia tranquilli.

Quando lavoravo a Milano ricordo di aver visto molte di queste situazioni, anzi moltissime, e per fortuna che lì ci sono tante persone che si occupano di loro. Tutto ciò rimane comunque una vergogna per il genere umano. Le differenze tra persona e persona sono troppo enormi per essere giustificate, antropologi ed economisti sforzatevi pure e fate le vostre belle lezioni, ma la realtà è questa.

A questo punto mi viene spontaneo copiare un testo che mi hanno dato alla catechesi perché a mio avviso si addice.

<u>Non dire Padre…</u>

Non dire PADRE
Se ogni giorno non ti comporti come suo Figlio

Non dire NOSTRO
Se vivi chiuso nel tuo egoismo

Non dire CHE SEI NEI CIELI
Se pensi solo alle cose terrene

Non dire SIA SANTIFICATO IL TUO NOME
Se non lo onori

Non dire VENGA IL TUO REGNO
Se lo confondi con il successo materiale

Non dire SIA FATTA LA TUA VOLONTA'
Se non l'accetti quando è dolorosa

Non dire COME IN CIELO E COSI' IN TERRA
Se non accetti che Dio sia ovunque.

Non dire DACCI OGGI IL NOSTRO PANE QUOTIDIANO
Se non ti preoccupi di chi ha fame

Non dire RIMETTI A NOI I NOSTRI DEBITI
Se non sei disposto a perdonare gli altri

Non dire COME NOI LI RIMETTIAMO AI NOSTRI DEBITORI
Se porti rancore a tuo fratello

Non dire NON CI INDURRE IN TENTAZIONE
Se hai intenzione di continuare a peccare

Non dire LIBERACI DAL MALE
Se non prendi posizione contro il male.

Non dire AMEN
Se non hai preso sul serio le parole del PADRE NOSTRO

<u>Le opere di misericordia corporale, rovesciate.</u>

Le opere di misericordia corporale, di cui si occupa un testo di Cosmacini,, sono forme di compassione tese a lenire il peso di perduranti miserie, che però l'autore aggiorna in forma originale e attualizzante. Accostando, ad esempio, il classico dar da mangiare agli affamati al sottoalimentare gli obesi. Dar da bere agli assetati fa il paio con dissuadere i bevitori, cominciando col valutare gli eccessi dannosi di vino e altre bevande alcoliche che, in dosi esagerate, comportano disinibizione e trasgressione. In tempo di sballo da week end, soprattutto da parte della fascia giovanile, il consiglio è pertinente, anche per i Soresinesi.
Vestire gli ignudi , poi, va insieme a resistere all'invadenza della moda, almeno per evitare una colonizzazione dell'immaginario che porta fino alla chirurgia estetica spinta, al bisturi delle mie brame. Ospitare i pellegrini si coniuga con non respingere gli immigrati, nel senso di non sposare una cultura del respingimento che nega dignità allo straniero. Visitare gli ammalati è contiguo a non perdere il dialogo con i pazienti, un tema oggi centrale nella prassi medica. Qui si inserisce un fattore molto importante: l'ammalato di fronte al medico. E' ora che si riduca gradualmente la cultura del "io sono il dottore e tu devi stare zitto e fare ciò che ti dico". L'ammalato ha una sua dignità ben precisa che non può essere scalfita approfittando del suo momento di fragilità. I medici, gli infermieri, gli ausiliari è ora che facciano il loro dovere pensando soprattutto al bene del paziente o dell'ospite della casa di riposo. Potranno anche non essere scuse quelle del tempo ristretto, della necessità di fare in modo che tutto il sistema di lavoro funzioni bene, ma non è per nessun motivo tollerabile che un

ammalato venga maltrattato. Se i tempi sono costi e le amministrazioni non riescono più a sostenerlo è perché il flusso di denaro viene deviato verso attività non importanti quanto lo è il malato. Io difendo apertamente il diritto di ogni ammalato di essere assistito a livello spirituale, morale, fisico; quindi in tutte le sue dimensioni del soffrire. Ritengo peraltro che colui che non rispetta l'ammalato dovrà rispondere un giorno a Qualcuno con la lettera maiuscola. E non la faccio lunga perché ci siamo già capiti, specie se il lettore è nel settore, gli ospedali, le case di riposo, le giro anch'io, diverse e spesso. Esiste del personale eccezionale che deve star certo Dio non dimenticherà nulla di quello che a fatto a questi piccoli, ma esiste anche personale che…Se non ne è adatto si cerchi un altro lavoro.
Continuiamo con le opere di misericordia corporale. Visitare i carcerati trova continuità nel non aggiungere pene e punizioni, prospettiva che fa gettare uno sguardo sulla scandalosa situazione carceraria italiana e non.
Seppellire i morti può anche significare rispettare la dignità dei morenti, con rimando al groviglio di questioni etiche che si affollano sul fine vita.

I bambini uccisi

Eh no, caro lettore, qui non voglio proprio fare teoria. Si sono già spese chiacchere e dibattiti, referendum e leggi da oltre quarant'anni.
Vi porto l'esperienza diretta, così siamo più pratici e concreti.
Sono padre di quattro figli, due che vivono e due no (su questa terra intendo). Il primo e la seconda sono già angeli.
All'età di ventisette anni, paritetici miei e di mia moglie, abbiamo viaggiato in ambulanza per sette volte, prima di arrivare a quella decisiva, per rischio di aborto spontaneo. Ci siamo sempre aggrappati alla vita e io qualche preghiera riuscivo a dirla, mia moglie continuamente. Perché vedete, quando il medico ti sta facendo l'ecografia al feto, puoi anche essere il più grande scienziato della Terra, puoi possedere averi all'infinito, puoi essere furbo, puoi comandare, avere coraggio, essere un uomo tutto d'un pezzo. Non serve a niente. Devi solo aspettare che il medico pronuncia la frase "il cuore batte ancora, non ci sono rotture del sacco". Se la dice vai avanti a sperare, se dice qualcosa di fondamentalmente diverso, puoi anche svenire, come è successo a me più di una volta (ma sapete io sono fragile, forse).
Capitò infatti che il 22 gennaio 1998 alla sera il medico disse: il cuore batte, ma il sacco è rotto, e pure dal basso. Siamo alla ventiduesima settimana. Non ci sono possibilità di sopravvivenza. A meno che il liquido non si

riformi e il bimbo sopravviva, ma senz'altro con chissà quali malformazioni. Il liquido si riformava, ma siccome il sacco era rotto dal basso… tutto era inutile. Solo che i medici, non solo uno, non si spiegavano come faceva il bambino a resistere così tanto. Dopo giorni di attesa, la richiesta dei medici è arrivata lapidaria: "lei che è il marito, si consulti con sua moglie e ci faccia sapere se dobbiamo staccare la vasosuprina e le altre flebo". La parola staccare non ci suonava bene, perché sembrava un gesto volontario che provocava la morte del bimbo. E allora, da poveri ignoranti, abbiamo detto al primario: "no, continuiamo". Ma aspetta che arriva il bello. Il primario aggiunge: " se continuate rischiate la vita della madre". E qui ti voglio. Ragionamento logico, ragionamento umano: perdiamo il figlio, poi se Dio vorrà ce ne darà degli altri. Non è un ragionamento inventato, ma che una persona, almeno lei, ci ha provato a farlo. Lui sì che ci vuole bene. Il destino, o qualcun altro, ha voluto, che il figlio la notte successiva nascesse spontaneamente, anche se non aveva il minimo per sopravvivere.

Fino a che non ti dicono che è morto è un'altra cosa, ma quando comincia "il dopo" della sentenza di morte, con tanto di firma, comincia un incubo, o almeno così è stato per me. Un senso di vuoto, come un buco creatosi nella casa. Un senso di semi solitudine. E l'impietosa necessità di farsi coraggio perché la moglie ha bisogno più che mai in questo momento di te.

Passano gli anni e, durante uno dei ricoveri della seconda gravidanza, in un ospedale di cui vorrei fare il nome ma non posso, un martedì mattina, vicino a mia moglie, vedo passare per la corsia d'Ospedale, una serie di signore sul lettino che vanno in sala operatoria. Mia moglie si gira verso di me e mi dice: "sai oggi è martedì e mi hanno detto che il martedì mattina fanno gli aborti volontari". Poi vengono dimesse di solito in giornata. Non aggiungo altro. Mi sembra inutile.

Solo una riflessione: questi bambini qui sulla terra saranno ultimi fra gli ultimi perché non hanno la forza di difendersi, ma non credo che finisca qui. E penso che almeno qualcuna delle mamme sia ultima tra gli ultimi nel momento in cui si rende conto di quello che ha fatto e si trova disperata. Nonostante tutto e nonostante la mia esperienza personale, credo che queste madri siano da aiutare.

Credo che sia da pubblicare su tutti i giornali e da annunciare su tutte le reti che esiste l'aborto anonimo, disciplinato per legge, che permette di mettere al mondo figli, che poi eventualmente possono essere assegnati dal Tribunale a chi è in attesa di adozione. Alle madri che devono prendere una decisione dico che non c'è solo l'aborto come via d'uscita c'è anche questa possibilità del parto anonimo, che rappresenta un notevole passo avanti perché permette di salvare molti bambini, dando loro anche una famiglia.

Informatevi. Per il resto posso solo dire alle mamme che hanno sbagliato, di rivolgersi pure ad un sacerdote che ha il dovere di accoglierle e aiutarle. Se non lo fa, venite da me. Il Signore è misericordioso, lento all'ira e ricco di grazia.

Visto che siamo sul tema dei bambini solo un piccolo accenno a quelli che hanno malattie gravi e debbono sottoporsi a trattamenti duri. Solo i genitori che hanno provato a vivere in certi reparti di certi ospedali possono capire. Ho incontrato un genitore accompagnandolo ad una associazione di sostegno economico per questi casi, e vi assicuro che il suo coraggio mi ha ispirato molta ammirazione per come sta conducendo la lotta per la vita con sua figlia. Ci sentiamo ogni tanto, sembra che le cose stiano andando abbastanza bene, ma la paura rimane, la paura rimane addosso. Non dimentichiamoci di pregare per questi bambini e per le loro famiglie, e diciamolo anche ai nostri figli, a cui cerchiamo di dare giustamente il più possibile.

Mentre
come un gigante,
tra le braccia,
fiero e felice,
stringo il mio piccino,
in quel corpicino tenero e innocente,
fragile come un uccellino,
quieto e sicuro,
mezzo addormentato,
per qualche istante,
quasi dolcemente,
m'appare come in sogno il mio destino,
Così, mi vedo vecchio e rassegnato,
seduto là nel canto del camino,
ad aspettare con l'ansia d'un bambino la sera,
per vederlo all'improvviso rientrare
con un dono d'un sorriso
con una parola, una gentilezza
e come una promessa che consola,
la gioia immensa di una sua carezza.
Poi mi riscuoto e ho già dimenticato,
ma dentro di me l'anima rapita,
m'avverte che quel bimbo appena nato,
già vale più della mia stessa vita.

(da Cieli di Toscana – Bocelli)

<u>**I carcerati**</u>

Ho avuto l'occasione di andare a trovare un carcerato, amico d'infanzia, Carlo. E' ancora in attesa di sentenza definitiva, ma il 1° grado è già arrivato e deve scontare sette anni, per qualcosa che, lui dice, non ha mai commesso. Non so, la giustizia farà il suo percorso. Certo che di furtarelli ne faceva fin da piccolo.

Un peso senza dubbio importante che Carlo subisce ancora tutt'ora è quello del giudizio, cioè della gente che lo giudica, vi trascina la sua famiglia ecc. Se poi fosse vero che non ha commesso nulla? Ma lo sapete quanta gente c'è in carcere per reati che non ha mai commesso, è in attesa di giudizio, e poi verrà assolto per non aver commesso il fatto? Tanta. Perché i tempi della giustizia sono giustamente lunghi, perché è prudente che sia così. Ma chi si prende cura del futuro di queste persone?

Certo che, ammettiamo anche che abbia sbagliato, Carlo resta sempre figlio di Dio. Come? Associare a un carcerato l'attributo di figlio di Dio? Non penso di sbagliarmi quando dico, "erede di Dio, coerede di Cristo" – San Paolo - . A quarantadue anni avere la vita segnata e io che gli dico che rimane figlio di Dio e non perdere la speranza, certo che ho rischiato di essere cacciato.

Eppure quando stai in silenzio e hai, tuo malgrado, molto tempo per stare a pensare, certe frasi fanno riflettere. E sapere che qualcuno ti vuole bene, sempre e nonostante tutto, è molto importante. Dio, prima di tutto, e meglio ancora se c'è qualche essere umano simile a te; che non è migliore di te perché sta dall'altra parte del parlatoio, perché anche lui ha commesso errori e peccati. Con questo spirito mi sono avvicinato a lui, non come uno che deve insegnare, ma come uno che sbaglia ogni giorno come te, ma sa che Dio è misericordioso e se mi pento veramente, Lui mi perdona.

Questa gente soffre, ed è anche ultima perché si dice che se lo è cercato, e ha ciò che merita.

C'è bisogno di più gente che abbia il coraggio di avvicinarsi a queste persone, dopo una adeguata preparazione.

Si sappia che in sette mesi del 2012, solo in Italia, si sono suicidati 93 persone detenute e 7 agenti. Chi di dovere si chieda il perché.

LIBERACI GESU'

Liberaci Gesù
dal desiderio di essere amati,
dal desiderio di essere magnificati,
dal desiderio di essere onorati,
dal desiderio di essere elogiati,
dal desiderio di essere preferiti,
dal desiderio di essere consultati,
dal desiderio di essere approvati,
dal desiderio di essere famosi,
dal timore di essere umiliati,
dal timore di essere disdegnati,
dal timore di subire rimproveri,
dal timore di essere calunniati,
dal timore di essere dimenticati,
dal timore di subire dei torti,
dal timore di essere messi in ridicolo,
dal timore di essere sospettati.
Guidami dalla morte alla vita, dalla falsità alla verità.
Guidami dalla disperazione alla speranza, dalla paura alla fiducia.
Guidami dall'odio all'amore, dalla guerra alla pace.
Fa che la pace riempia il nostro cuore,
il nostro mondo, il nostro universo.
Amen.

L'incontro con una famiglia che soffre

Ad una di quelle pesanti riunioni, ma doverose purtroppo, ove si parla della situazioni di sofferenza come "casi", un giorno una volontaria molto in gamba mi parla sfumatamente di una famiglia che avrebbe avuto bisogno di essere aiutata ma purtroppo non ve ne erano le condizioni. I servizi sociali ci avevano provato, un sacerdote anche, altre persone intelligenti pure. Insomma, non era proprio raggiungibile, ma si sottolineava il fatto che era un vero peccato perché la situazione era drammatica in quanto si parlava di bambini ammalati. Non so ma dentro di me quando succede che tutti ci tentano, e sono senz'altro più in gamba di me, e cedono di fronte all'evidenza, soprattutto se si parla di bambini, mi scatta qualcosa dentro che mi fa dire: "non dico niente a nessuno e ci provo io, intanto acquisisco le informazioni". Il motivo principale che si addiceva per il quale non era possibile avvicinare questa famiglia è che era di fede mussulmana in modo radicale e che il padre aveva già respinto diverse offerte di aiuto. Un sabato pomeriggio mi sono recato da loro e mi sono presentato come uno che aveva saputo che c'era bisogno di aiuto, e se potevo fare qualcosa io ero della Parrocchia ed ero disponibile. Il padre mi guarda e mi dice semplicemente: purtroppo i miei bambini sono malati e io non riesco a trovare loro una casa, ed avere sufficienti soldi per aiutarli. Gli rispondo semplicemente che sarei andato a trovarli, senza chiedere nemmeno il parere. Mi sono recato la sera stessa alla loro casa, ma non è il termine esatto perché si trattava di una stanza da letto piuttosto piccola nella quale vivevano in cinque. Vivevano infatti i genitori, il figlio maggiore (non ammalato) e gli altri due figli, di cui uno avente qualche mese. Quella era la loro cucina, la loro sala, il loro soggiorno, il loro bagno, la loro sala giochi, il posto per lavarsi, insomma tutto in tre metri per quattro. Come è possibile? Vi certifico, è possibile. I due bambini più piccoli erano e sono affetti da una malattia genetica rara, che ne causa il mancato funzionamento dell'apparato digerente, la cecità, la non deambulazione (non in tutti i casi), la paralisi parziale o totale degli arti. Come si nutrono? Entrambe con la PEG. Per chi non sa si tratta di un sistema di alimentazione che da una sacca fa pervenire il cibo direttamente nell'apparato digerente e nell'intestino. Nella sacca è inserita una cannula che funziona come flebo per il nutrimento del bambino (ma anche dell'adulto se serve, anzi io prima dall'ora l'avevo vista solo negli anziani). Chi si occupa di allestire la sacca, cambiarla, ed effettuare tutte le operazioni di disinfezione? La mamma. Vi assicuro, questa è marocchina, ma ne avessimo in Italia di mamme così. Specifico che il bambino più piccolo prima di aver subito l'operazione per l'innesto della PEG si alimentava tramite un sondino. Chi cambia e sa usare il sondino? Che domanda, la mamma! Pensate che una volta è successo che sono stati portati in Ospedale e siccome vanno sempre in coppia perché non sopravvivono senza le cure assidue della mamma, gli infermieri e i medici del reparto non hanno accettato di reimmettere il catetere della PEG, in quanto si era infettato. E allora chi ci ha pensato? Che domanda, la mamma. Alla faccia della specializzazione. Intendiamoci non tutte le mamme ci sarebbero riuscite, ma lei non è una mamma qualsiasi. Se volete qualche giorno ve la faccio conoscere. I bambini spesso vengono ospedalizzati o sottoposti a terapie antibiotiche da una brava pediatra, perché la postura quotidiana comporta spesso problemi respiratori con frequenti infezioni. A proposito, quando siamo riusciti a far acquisire alla famiglia una casa decente la situazione della frequenza infettiva è peggiorata. Va a sapere perché! Sono molto fragili. Quando parlo con i medici dell'Ospedale, per fare un poco da mediatore tra la famiglia e loro, mi dicono che è già un miracolo che siano arrivati alla loro età e che ogni giorno che si passa è sempre un miracolo che si rinnova.

La nostra famiglia ha intessuto con loro un legame molto forte, che consente una collaborazione che va dalle cose quotidiane (spesa, farmacia, cura del bambino) a supporti ospedalieri.

I bambini sono costantemente chiusi in casa e trascorrono la loro vita soffrendo, rannicchiati come gomitoli di lana, quasi sempre con la febbre, ma anche percependo qualcosa che non sappiamo dal mondo esterno, non negando a volte un sorriso che apre il cuore. Son cose da vedere non da scrivere, per capire meglio.

E' una bellissima esperienza, pur nell'evidenza della croce di questi bambini. Anche per questo concordo con il mio parroco nel chiedere ai mussulmani di pregare per la tiepidezza di noi cristiani di fronte alla loro osservanza del ramadan, che niente a che fare con l'ostinanza distruttiva di mussulmani sedicenti radicali.

Non parlerò in questo libro specificatamente degli immigrati, ma fra i tanti questi mi sono sembrati tra i più sofferenti, ma anche ricchi di una forza interiore invidiabile (ce l'avessi io quella che ha la loro madre).

I disoccupati

In uno dei famosi interrogatori fiume il giudice Falcone disse al pentito Tommaso Buscetta: " Mi hanno detto che Cosa Nostra era nata per difendere i deboli dai soprusi dei potenti e per affermare i valori dell'amicizia, della famiglia, del rispetto della parola data, della solidarietà e dell'omertà". Le organizzazioni mafiose nel corso del tempo si sono modificate le la loro forza sta proprio nella capacità di camuffarsi periodicamente con i nuovi stili di vita e con le nuove strutture pubbliche e private.

E' cosa risaputa dai giornali che il nord padano è la cosiddetta "lavatrice" degli affari mafiosi, in quanto vi si riciclano i denari sporchi provenienti dalle attività illecite. Pur se sono state messe in atto diverse norme contro la circolazione del contante, le strutture possono essersi infiltrate ugualmente e questo non è positivo.

I ragazzi di famiglie economicamente povere, o che hanno intrapreso attività illecite, sono tutt'ora una forza lavoro importante per le cosche della malavita.

Per questo ritengo che l'elevata disoccupazione giovanile, l'aumento delle famiglie povere, possono diventare un bacino pericoloso affinché i ragazzi possano essere addescati in queste strategie negative.

Considero seriamente tra gli ultimi i disoccupati, e valuto con particolare preoccupazione la presenza di una città come la nostra che non offre concrete possibilità di lavoro anche e soprattutto per i più giovani.

La disoccupazione è una piaga terribile. Conosco famiglie che, di fronte alla disoccupazione, stanno perdendo tutto. A loro dico: non arrendetevi. Continuate a cercare anche se so che è difficile. Alle famiglie dico: non arrendetevi. Il lavoro è una grazia di Dio e chi ce l'ha deve ringraziare.

Un pensiero va anche alle famiglie di tutti quegli imprenditori, e sono tanti, che si suicidano per gli effetti della crisi, che ha costretto al fallimento le loro aziende.

Coloro che soffrono per un lutto familiare

Solo un genitore può cercare di capire quanto sia preoccupante vivere con l'angoscia che il proprio figlio adolescente possa morire in un incidente stradale. Anche la nostra città non è rimasta immune da questo tipo di lutti. Se poi la causa non è un incidente stradale, ma una malattia il cerchio delle persone coinvolte si allarga.

Allo stesso modo solo quando morirà uno dei miei genitori proverò cosa si prova a perderlo. Per ora l'istinto, credo naturale, sia di allontanarne il pensiero.

E' vero, chi in un modo o chi in un altro trova sulla strada della vita l'incontro con il lutto. In alcuni casi, come quelli citati, la sofferenza è profonda e sconvolgente a tal punto che la ferita non si rimargina più.

Ho l'opportunità di parlare con persone che hanno perso figli, per malattia o forme simili e, credetemi, i volti non riescono più a sorridere. Ogni cosa sembra rimandare al figlio defunto, una parte importante della propria vita finisce, ne nasce un'altra che sembra monca. I colloqui con queste persone devono sempre tenere conto che dall'altra parte ci sta un genitore che sta soffrendo e che non smetterà mai di soffrire, e che, quindi, merita molto rispetto. L'ascoltare e lo stare vicino sono già molto importanti, soprattutto se non si pensa di voler sanare il problema, ma solo di curare la piaga.

Per cercare di approfondire questo tema, ho proposto insieme al parroco in questi mesi, un gruppo di auto mutuo aiuto che possa sostenere alcune persone in difficoltà. Tale proposta è stata preceduta da alcuni incontri che hanno affrontato l'aspetto morale, quello esperienziale, e quello spirituale.

E' giusto che si sappia che hanno risposto a questa proposta molte persone, e che tutte hanno partecipato ai tre incontri previsti. Oltre a ciò non è stato difficile formare il gruppo di auto mutuo aiuto. In sostanza è parso evidente che un tema così personale, intimo, delicato, ha trovato nella proposta della parrocchia una vicinanza che ha solo l'obbiettivo di stare vicini, consolare, approfondire quanto basta. E' giusto, a mio avviso, che le proposte della parrocchia non rimangano sulla superficie della vita, ma ne entrino anche negli ambiti più nascosti, più cupi, più personali, senza la pretesa di attraversare il confine del rispetto umano e privato, ma con la forza della serenità di chi propone un messaggio di consolazione e di Resurrezione.

A coloro che leggono questo testo non posso quindi mancare la conoscitissimo preghiera che viene rivolte alle persone afflitte dal lutto, non per ripetere ciò che già conosciamo, ma per dare lo spunto per una rilettura, con qualche minuto di silenzio del testo.

Se mi ami non piangere!
Se conoscessi il mistero immenso del cielo dove ora vivo,
se potessi vedere e sentire quello che io sento e vedo
 in questi orizzonti senza fine
e in questa luce che tutto investe e penetra,
non piangeresti se mi ami!
Sono ormai assorbito dall'incanto di Dio,
dalle sue espressioni di sconfinata bellezza.
Le cose di un tempo sono così piccole e meschine al confronto!
Mi è rimasto l'affetto per te,
una tenerezza che non hai mai conosciuto!
Ci siamo amati e conosciuti nel tempo:
ma tutto era allora così fugace e limitato!
Io vivo nella serena e gioiosa attesa del tuo arrivo fra noi:
tu pensami così,
nelle tue battaglie pensa a questa meravigliosa casa,
dove non esiste la morte,
e dove ci disseteremo insieme
nel trasporto più puro e più intenso,
alla fonte inestinguibile della gioia e dell'amore.
Non piangere più se veramente mi ami!

<u>**Chi soffre la dipendenza dall'alcool**</u>

Vorrei raccontarvi di alcune esperienze vissute e tutt'ora in essere con alcune persone che soffrono della dipendenza dell'alcool o ne hanno sofferto e adesso ne subiscono le conseguenze.

Il primo è senz'altro Paolo, una persona veramente in gamba, che ha saputo con molta forza non solo staccarsi dalla dipendenza, ma anche superare le difficoltà di salute che ciò gli aveva procurato. Paolo è sempre stato conosciuto in paese come una persona pessima, che si è rovinato con le sue mani e che ha causato molta sofferenza anche ad altri. Io non voglio giudicare nessuno. Ritengo che una persona possa commettere degli errori e poi pentirsene, ed anche abbracciare la misericordia del Padre. Quando l'ho conosciuto io era praticamente un morto che camminava, la sua condizione fisica era talmente compromessa che le persone quando lo vedevano, preferivano far girare la faccia anche ai bambini, "perché non debbono vedere certe cose" (perché poi? Ma…). Si sdraiava per terra in mezzo alla strada, il suo aspetto indicava patologie sempre più gravi, ecc. Un giorno mi sono preso più responsabilità di quelle che avrei dovuto ed ho chiamato la guardia medica con il chiaro intento di farlo portare in un ospedale, dove potesse essere curato, e così fermare la caduta nell'abisso. Ho forzato un poco la situazione ed ho chiesto al medico di farlo ricoverare, perché comunque lui non sarebbe stato in grado di comprendere la situazione ed il sangue sparso per la casa poteva significare situazione fortemente a rischio. Alla fine il medico mi ha accontentato e siamo riusciti per un pelo a caricarlo sull'ambulanza. E' stato il viaggio più importante della sua vita, visto che poi il Signore ha voluto che da quel momento, passando da Ospedale in Ospedale, il ragazzo è riuscito a rimettersi in piedi. Il fegato ne lamenta e ne lamenterà probabilmente per sempre le conseguenze, l'inabilità al lavoro lo costringerà ad una certa fragilità di vita. Ma per adesso le cose stanno andando decisamente meglio. Nella prima fase della ripresa ricordo che un giorno mi confidò: "io lascio perdere tutto, tanto ormai per me non c'è speranza. Mi capiti quello che capiti". Hai voglia a spiegargli: gli ho detto soltanto: "ma non vuoi guarire?". La risposta, attesa, è stata: "e guarire per quale scopo? Tanto io sarò sempre…. Mi sorprese il fatto che senza un motivo particolare Paolo con me stava al gioco, non l'avevo mai conosciuto direttamente prima d'allora, ma ci telefonavamo, ci parlavamo e lui aveva fiducia in me. Un appunto: Paolo è completamente solo.

Maurizio invece è un ragazzo che viene già da una famiglia segnata dalla sudditanza alle sostanze, ed anche il suo fegato ne riporta i danni, ormai considerati permanenti. I colloqui con lui sono sempre stati più distaccati rispetto a Paolo, perché vedevo in lui l'incapacità di ammettere la sua dipendenza e la non libertà di esprimersi con la dovuta sincerità. Qui si sono impegnati per il sostegno alla famiglia le varie strutture di volontariato locale, anche perché nel frattempo sono nati tre figli maschi e la pseudo moglie faceva e fa quello che può.

La dipendenza dall'alcool e le conseguenze possono essere superate e affrontate con le cure e i centri che ci sono oggi. Se qualcuno pensa di non farcela si rivolga a me.

<u>Le persone sole</u>

Sabato scorso mi sono recato da una persona, segnalatami da un sacerdote. Pensavo di dover andare come al solito in periferia, invece si trattava del centro geometrico della città. A desta e a sinistra negozi, anche con un certo lusso, in mezzo, una porticina. Lì ci abita da tanti anni la sig.a Angela. Sola, ammalata, depressa. Si può immaginare che quando si entra non si sentono i profumi francesi più rinomati, ma un cane sì, quello ce l'ha ed anche abbastanza fastidioso con gli ospiti. Come al solito mi succede non vi è stata particolare difficoltà nell'approccio ed abbiamo parlato per lungo tempo, e poi il culmine: l'Eucarestia. La sig.a Angela mi dice sempre che mi aspetta spesso, ma si sa, più di tanto non posso fare. L'importante che lei sappia che c'è qualcuno che si interessa a lei. Le ho lasciato il numero di telefono dicendole che mi può chiamare quando vuole, anche quando si sente disperata, a qualsiasi ora. Non è molto ma per queste persone rappresenta un legame, una sorta di corda a cui aggrapparsi per non cadere nel vuoto della solitudine. Poco distante, dall'altra parte della piazza, mentre rientro dal mercato con i miei bambini, mi accorgo di una signora anziana che mi aveva visto giorni prima uscire dal portone innanzi con la croce e la teca e mi aveva guardato con sguardo interessato. Cosa ho da perdere? Nulla. Le ho chiesto come stava, si è messa a piangere, sono entrato, e da quel giorno le porto la Comunione. Non ha smesso di piangere in continuazione, intendiamoci, non sono il toccasana di tutte le situazioni, ma prima di andare via mi chiede sempre quando vado la prossima volta. Non ci credete che basta così poco per allacciare un rapporto con una persona sola? Alla fine del libro ci dovrebbero essere i miei riferimenti. Andiamoci qualche volta insieme, e poi vedrete.

Che importa se gli ammalati a cui porto la S.Comunione sono quaranta, cinquanta, sessanta o di più? Possono essere anche pochi, ma l'importante è il tipo di relazione che si innesta, subordinato certamente al fatto che non porto tanto me stesso, quanto piuttosto "il Cristo" che si spezza per noi e quindi anche per la persona che ho di fronte. Certo la messe è molta e quindi sarebbe bello se, anche senza portare l'Eucarestia, qualcuno, dopo aver letto queste misere pagine, si offrisse per stare vicino alle persone sole. Esistono già gruppi. Ma, se il Signore vuole, ci pensa lui.

All'inizio, quando fai i corsi, ti dicono che è opportuno non superare un certo numero di persone perché questo va a discapito della frequenza e dell'intensità dei rapporti. Ma come si fa a rimanere con le mani in mano di fronte a certe situazioni? Quanti ne ho visti per la strada e li ho "incontrati" in questo modo? Vedendo una signora in carrozzina, spinta da una badante, vedendo un signore paralizzato, davanti alla sua porta di casa. Non vedo da dove possa scaturire questo pudore nell'offrire se stessi, potrebbe anche risponderti male, certo devi fare le cose con un certo tatto ed il massimo rispetto, ma anche se ti risponde male io cosa perdo? Anzi faccio un poco di penitenza per i miei peccati.

Voi lo conoscete Diamantino? A Soresina lo conoscono tutti, lui passa in mezzo a tutti e nessuno più si accorge di lui. Quando siamo andati a Natale a portargli il pasto della Parrocchia, desideravamo uscire da quella casa per una ragione molto umana: dentro faceva più freddo che fuori. Se non ci credete diamoci l'appuntamento per il prossimo Natale. La gente, se chiedi, ti dice che sono anni che va avanti così, e se non è normale non è colpa di nessuno. Ma…ma non sono certo che non percepisca il calore o il freddo nei rapporti umani.

Infine voglio parlarvi di Riccardo, morto solo, in casa, dopo una vita molto sofferta e ingarbugliata. La televisione era pure rotta. Riccardo avrà passato una notte sveglio, probabilmente, o con qualche difficoltà a dormire, alcuni dolori e nessuno a cui dirlo, nessuno a cui dirlo. Non c'è bisogno di chiamare tutte le volte che senti un dolore il 118, e così, mentre migliaia di persone vicino a lui festeggiavano il capodanno, lui si spegneva, solo, come l'hanno trovato, con il sorriso che sempre lo caratterizzava, forse sognando di avere anche lui qualcosa per cui ridere ed essere felice, ed un attimo dopo si sarà trovato tra le braccia del Padre misericordioso e pietoso, lento all'ira e ricco di grazia.

Signore, mi hai dato tutto

Chiesi a Dio di esser forte per eseguire progetti
grandiosi ed Egli mi rese debole per conservarmi
nell'umiltà.

Domandai a Dio la salute per realizzare grandi
imprese, ed Egli mi ha dato il doloro per
comprenderlo meglio.

Gli domandai la ricchezza per possedere tutto ed
Egli mi ha lasciato povero per non essere egoista.

Gli domandai il potere perché gli altri avessero
bisogno di me ed Egli mi ha reso umile perché io
avessi bisogno di loro

Domandai a Dio tutto per godermi la vita
e mi ha lasciato la vita perché io potessi essere
contento di tutto

Signore, non ho ricevuto niente di quello che
chiedevo, ma mi hai dato tutto quello di cui
avevo bisogno, e quasi contro la mia volontà.
Le preghiere che non ti presentai furono esaudite.
Sii lodato, o mio Signore, fra tutte le creature
Nessuno possiede più di quanto possiedo io!

(Kirk Kilgour, campione pallavolista,
immobilizzato su una sedia a rotelle a seguito di un terribile incidente)

E' importante sapere che

In Italia le cure palliative, l'insieme cioè di cure, mediche e non, che hanno
come obiettivo il miglioramento della qualità della vita dei malati inguaribili
in fase avanzata, hanno fatto la loro comparsa all'inizio degli anni '80. Da
allora molte cose sono cambiate, il numero di istituzioni pubbliche e private

che si occupano di questi malati si sono moltiplicate, l'esperienza di medici, infermieri, volontari, psicologi ecc. è diventata un vero e proprio "corpus" di conoscenza che sta trasformando quella che agli inizi era una attività forse più umanitaria che scientifica, in una vera e propria disciplina. Tra le cose però che sono rimaste c'è una intuizione, che col tempo si è trasformata in vero e proprio postulato: che il posto migliore dove curare un malato terminale fosse la casa.L'ipotesi era, e continua ad essere, la seguente: poiché la casa è il contenitore "naturale" della vita di una persona, e poiché i bisogni del malato terminale possono essere soddisfatti con un impiego di tecnologia estremamente modesto, chiunque di noi preferirebbe, debitamente aiutato, passare gli ultimi giorni a casa propria piuttosto che in ospedale.Diversi argomenti sono stati portati a sostegno della scelta per la casa:La qualità dell'assistenza medica e infermieristica a casa è migliore, o comunque non inferiore a quella dell'ospedale La qualità di vita del malato è migliore se curato a casa; Purtroppo non tutti i malati possono essere curati a casa. A queste persone dovrebbe essere possibile accedere a luoghi specifici dove vivere, godendo degli stessi vantaggi di una casa ed insieme delle cure necessarie: gli Hospice.

L'ASSISTENZA DOMICILIARE viene fornita come dimissione protetta dai reparti ospedalieri tramite accordi presi col Medico di Medicina Generale e con la famiglia, oppure tramite richiesta diretta del Medico in accordo con la famiglia. E' anche possibile un'attivazione diretta da parte del paziente e dei familiari a seguito della quale verranno presi da noi i contatti con i curanti.

L'assistenza viene sempre fatta precedere da un colloquio con i familiari, per meglio specificare le caratteristiche del servizio: l'obiettivo è l'esecuzione delle Cure Palliative a domicilio, qualora questo sia il desiderio del paziente e della famiglia.

L'assistenza è gratuita e fornita in convenzione con ASL e ACCD (Associazione Cremonese Cura del Dolore).

Cosa fa il volontario a domicilio:

- entra in contatto con un paziente ed la sua famiglia.

- Oltre a portare la sua presenza affettiva e di sostegno psicologico e morale, può avere altri compiti.

Ad esempio:

    a) assistere il malato negli spostamenti in casa.
    b) Assistere il paziente durante i periodi di assenza del famigliari
    c) Aiutare ad alimentare il paziente
    d) Sbrigare commissioni pratiche e burocratiche

e)   Togliere il paziente dall'isolamento aiutandolo a mantenere i contatti con il mondo esterno (con giornali, notizie, letture conversazioni, ecc.).

In breve il compito del volontario a domicilio, in collegamento con l'equipe di cura, è quello di aiutare i famigliari ad organizzare la gestione a casa del paziente.

Chi è Gesù?

Gesù è il pane della vita che deve essere mangiato,
Gesù è l'affamato che deve essere nutrito,
Gesù è l'assetato che deve essere dissetato,
Gesù è l'ignudo che deve essere rivestito,
Gesù è il senza tetto che deve essere ospitato,
Gesù è il malato che deve essere sanato
Gesù è l'uomo solo che deve essere consolato
Gesù è il non voluto che deve essere voluto
Gesù è il lebbroso le cui ferite devono essere lavate
Gesù è il mendicante che deve essere gratificato di un sorriso,
Gesù è l'ubriaco che bisogna ascoltare,
Gesù è il malato di mente che bisogna proteggere,
Gesù è il piccolo che bisogna abbracciare,
Gesù è il cieco che bisogna guidare
Gesù è il mutuo cui bisogna parlare
Gesù è lo zoppo con cui bisogna camminare,
Gesù è il drogato che bisogna aiutare,
Gesù è la prostituta da sottrarre al pericolo e da sostenere,
Gesù è il prigioniero che bisogna visitare,
Gesù è il vecchio che deve essere servito.

Vuoi le mie mani?

Signore, vuoi le mie mani per passare questa giornata aiutando i poveri e i malati che hanno bisogno?
Signore, oggi ti do le mie mani.

Signore, vuoi i miei piedi per passare questa giornata visitando coloro che hanno bisogno di un amico?
Signore, oggi ti do i miei piedi.
Signore, vuoi la mia voce per passare questa giornata parlando con quelli che hanno bisogno di parole d'amore?
Signore, oggi ti do la mia voce.
Signore, vuoi il mio cuore per passare questa giornata amando ogni uomo, solo perché è un uomo?
Signore, oggi ti do il mio cuore.
Amen.

Maria F.

Maria ha due fratelli, ha perso entrambe i genitori, fin da piccola e i fratelli F sono rimasti soli. I fratelli hanno faticato molto nella vita anche se sembra che possano ora rialzare un poco la testa. Lei riporta un importante handicap. Fortunatamente, o per grazia di Dio, scegliete voi, una persona si è occupata di lei in questi trentotto anni e ancora non l'ha abbandonata. Ora Maria è in una casa di cura piuttosto lontana, ma la signora trova il modo comunque per andarla a trovare. Alcuni mesi fa le è stato diagnosticato un tumore maligno ed è stata operata. Nonostante ciò la metastasi diffusa ha costretto i medici ad attivare una cura chemioterapica piuttosto pesante.

La signora che si è occupata di lei mi conferma che Maria è praticamente sola al mondo e lei è troppo anziana per continuare a seguirla.

Come dire di no? Mi si presenta la possibilità di toccare il corpo di Cristo (cioè quello di Maria) sofferente, e io non lo faccio? Posso farlo da solo, con la moglie, con la famiglia, mentre faccio un viaggio di piacere e mi fermo per un poco, oppure mentre torno dal lavoro. Quanti modi e tempi si possono trovare. Vorrei dire a Maria: "stai certa, finchè ci sono io tu non rimarrai sola. Già vicino a te c'è Dio e queste misere mani mie sono qui per te".

La speranza che non delude

Di fronte a tutte le situazioni che si possono incontrare ogni cristiano deve esprimere speranza. Secondo l'insegnamento della Chiesa cattolica la speranza risponde all'aspirazione alla felicità, che Dio ha posto nel cuore di ogni uomo; essa assume le attese che ispirano le attività degli uomini. La speranza cristiana ha come modello la speranza di Abramo, non solo per la fede nel Dio che gli aveva chiesto di lasciare tutto per la terra promessa, ma una speranza purificata anche dal sacrificio di Isacco, suo unico figlio. Per effetto di questa virtù noi desideriamo la vita eterna come nostra felicità, riponendo la nostra fiducia nelle promesse di Cristo e appoggiandoci non sulle nostre forze, ma sull'aiuto della grazia dello Spirito Santo.

C'è uno stretto legame tra speranza e fede. Senza una fede robusta, senza costruire la casa sulla roccia, è difficile sperare quando i venti della sofferenza, cioè le prove della vita, si abbattono forte. Capisco. Capisco perché ho provato, ed ho sperimentato la mia fragilità. La grazia dello Spirito Santo non esclude la necessità del nostro sforzo per superare le difficoltà. Anzi, la risposta dell'uomo è parte integrante di quel dialogo di salvezza che nasce dalle origini stesse della vita. Per cui occorre fare ricorso a tutte le nostre forze, fisiche, morali e spirituali per combattere la prova. Comprendo anche d'altro lato, che chiedere a persone in situazioni di forte sofferenza di continuare ad avere pazienza è scarsamente realistico. Proprio per questo ritengo che qui intervenga la grazia divina, alla quale fare ricorso con una costante preghiera interiore, irrobustita dalle prove, e forgiata dal lento passare dei giorni. Questa preghiera deve essere simile a quella di Abramo, una preghiera di totale affidamento, avendo maturato la consapevolezza che le nostre forze, seppure necessarie, non sono sufficienti.

La speranza riposta in Dio non esclude la dignità dell'uomo. Al contrario evidenzio che noi non crediamo in un Dio lontano, distante dalle vicende umane. Ma crediamo in un Dio che si è fatto uomo. San Paolo stesso afferma che siamo eredi di Dio, coeredi di Cristo, e se siamo figli di Dio lo siamo realmente. Ecco allora che la dignità dell'uomo è portata al suo apice, e ricco di questa forza l'uomo può e deve trasmettere questa grazia nel soccorso ai fratelli.

Per un genitore un tema strettamente legato alla speranza è "l'educare alla speranza". E' vero, sono padre anch'io e per i miei figli desidero tutto il bene possibile, che ricevano una buona educazione, che abbiano un buon rendimento scolastico, che abbiano la possibilità di vivere una vita dignitosa. Ma, sapete, alcune esperienze personali mi hanno fatto capire ben presto che la vita non è tutta nelle nostre mani, ma soprattutto nelle mani di Dio. Il formarsi nel grembo, il nascere, il crescere, sono fasi alle quali o assistiamo o per lo più siamo corresponsabili e coautori della crescita. Ed è questa già una grande grazia. Noi tutti penso vorremmo evitare che i nostri figli svolgano nella vita lavori molto faticosi, come lo stare su un tetto a fare il muratore mentre il sole picchia forte, oppure lavorare tra la sporcizia degli animali. Questo credo sia naturale, inutile nasconderlo. Ma qui si inserisce un aspetto molto significativo. E' più importante, a mio avviso, che il figlio cresca con il senso della propria dignità, con il senso del dovere, con il rispetto per l'altro, mi sento di aggiungere con coraggio, con una forte fede. Dico con coraggio perché da più parte sento discorsi strani sull'influenza che il genitore ha sul figlio, ma lasciamo perdere. Focalizziamo la nostra attenzione sull'essenza educativa. Io non sono un maestro dell'educazione e quando ho riferito al mio confessore che anch'io commettevo errori nell'educare, mi ha semplicemente risposto che finalmente mi ero accorto di essere il benvenuto nel mondo degli umani. Nonostante la mia fragilità insisto nel pensare che occorre coltivare senza stancarsi, e quotidianamente, il senso della fede e del rispetto per se stessi e per gli altri, prima ancora che le materie scolastiche. Non sono abbagliato dall'idea che i miei figli debbano avere importanti carriere o guadagni, per quanto io stesso detesti la carriera. La cosa più importante è che crescano con i piedi ben saldi a terra e con la testa rivolta sempre verso l'alto. Non per vivere con il naso all'insù, ma per sperare, per sperare. Qui volevo arrivare. Quando le difficoltà della vita si fanno sentire, quando le delusioni deprimono, quando la malattia bussa alla porta, non servono ai miei figli tante cose fasulle. Serve soprattutto la capacità di lottare e di sperare fino in fondo, con la certezza di non essere mai soli, perché c'è un Dio che ti ama. L'educazione alla speranza non credo possa essere trasmessa solo a parole ma debba passare attraverso le pieghe della vita. Non è facile, tutt'altro, e io sono solo all'inizio. Ma la strada deve essere coerente con la scelta del matrimonio cristiano: mettere la propria vita e la vita che si crea nelle mani del Signore. Magari i miei figli non diventeranno i più bravi della classe, magari saranno loro stessi vittime di difficoltà fin da piccoli, non ricercheranno riconoscimenti, effettueranno lavori umili, o non riusciranno a trovare lavoro; oppure cadranno in una delle tante tentazioni dell'adolescenza e della vita in genere. Ma se loro stessi manterranno una fede rocciosa ed una speranza cristallina, allora potremo dire di avere trasmesso loro un granello di vita vera. Quella che non potranno mai perdere perché non è nelle loro mani, ma nelle mani di Dio.

Tornando alla scelta di servire gli ultimi, posso dire che si tratta di una esperienza che non lascia delusi. Personalmente ritengo che non si tratti di grandi decisioni, ma di trascorrere una vita in cui saper cogliere con attenzione la presenza dell'altro che ha bisogno. Bisogna rimanere un poco con gli occhi aperti, non renitenti all'altro, lasciandosi interpellare ogni volta che si vede che qualcuno ha bisogno come se questo fosse un messaggio di

Dio. Mi dicono che c'è questa situazione di sofferenza e nessuno se ne sta occupando? Questo è un messaggio per me. Vuol dire che in quel momento Dio ha bisogno delle mie mani, del mio tempo, della mia semplice attenzione. Dico semplice perché, benché sia sempre cosa molto buona, non necessita avere la laurea in scienze dell'educazione o in psicologia, si può offrire quello che si ha e si è in grado di offrire. A me capita spesso, per non dire sempre, di essere interpellato per le varie situazioni che incontro, e qualcosa si muove dentro di me. Se qualcosa si muovesse dentro anche altre persone sarebbe importante. La messe è molta e gli operai sono pochi. Non mi sto riferendo ai sacerdoti, in quanto la chiamata a servire i poveri riguarda tutti, secondo me. Pertanto chi vuol dare una mano, per quel che può e riesce è bene accetto. Se c'è tanto lavoro, con qualcuno in più è meglio, no?

IL PERDONO DI DIO E' LA COSA PIU' IMPORTANTE DELLA MIA VITA

Dico solo grazie

Un semplice messaggio

Se qualcuno, leggendo questo misero testo, si trovasse in una condizione di sofferenza, di qualsiasi tipo essa sia, sappia che può rivolgersi a Dio, sempre. Attraverso di lui qualcuno verrà in aiuto. Io mi rendo disponibile per loro. Certo non pretendo di poter risolvere tutti i problemi di questo mondo, ma se, affiancandomi, riesco solo a dare una piccola mano, è sempre meglio di niente. Se non altro e la salute non me lo permettesse posso sempre offrire una preghiera.
Non sentitevi mai soli! Non solo perché ci sono e ci saranno sempre persone che vi possono dare una mano, ma soprattutto perché Dio sa cosa che voi state soffrendo, e non può, da Padre, esimersi di offrirvi il suo aiuto. Rivolgetevi pure a lui come a un padre, con molta libertà. Non vediatelo semplicemente come un giudice severo, ma come un padre buono. E' vero che solo chi è nelle vostre condizioni può capire certe cose. Intendo dire certi stati d'animo, certe delusioni, certe invidie, perché no. Proprio per

questo non pretendete che l'altro vi possa capire in tutto e per tutto. Ma abbiate fiducia, cogliete il bene che l'altro vuole darvi, anche se è poco.

Se potete, chiedete spesso il sacramento della Confessione ad un sacerdote, è molto importante. Vi fa percepire la misericordia di Dio. Nella Confessione cerchi di entrare dentro di te e, nella radice del tuo essere, potrai avvertire una chiamata a cambiare qualcosa nella tua vita, a convertire in meglio il tuo vivere, e crescere nel progetto di Dio. Non pensare alla conversione cristiana solo in negativo, riconosci la presenza di un Dio che non cessa di amarti. Esci dalla tua sufficienza, dal tuo egocentrismo. Chi si ritiene giusto e pensa che peccatori siano solo gli altri non può essere toccato dall'annuncio di Gesù e dal suo invito a convertirsi.

A coloro che soffrono dico che la sofferenza è una vocazione. La vocazione al dolore consiste nella chiamata ad accettare il dolore, per trasformarlo in sacrificio di purificazione. Come disse Giovanni Paolo II° più di trent'anni fa, la vostra presente sofferenza non è inutile, e tanto meno, assurda. Cristo Signore, che con la sua natura umana assunse nell'incarnazione anche il dolore e la morte, chiama in particolare voi che siete nel dolore e nella debolezza a collaborare con Lui, donando la vostra sofferenza per la salvezza del mondo.

Gli ammalati a cui porto la Comunione

Sarebbe impossibile descrivere tutti i rapporti instaurati con i miei ammalati, quelli che ci sono ancora e quelli che sono già saliti in cielo.
Vorrei soltanto dire a tutti quelli che svolgono questo servizio o che comunque si accostano agli ammalati. Prendetevi cura di loro, specialmente quando non hanno nessuno, ma non solo. Gli anziani hanno bisogno di coraggio, di qualcuno che li rassicuri. Andate oltre l'aspetto meramente del Sacramento, che già sarebbe grandissimo perché dono di Dio. Occupatevi della loro salute, aiutateli a districare i rapporti con i medici e con la struttura sanitaria nazionale. Non abbiate paura di curarli direttamente nella salute fisica, nella debolezza morale, nell'incoraggiamento alla speranza spirituale. Facendo così si innesta un rapporto duraturo che non dipende tanto dalle volte che andate, ma dalla qualità del vostro supporto. Piegatevi a sanare le piaghe delle delusioni della loro vita familiare, con tatto, delicatezza, ma anche con coraggio. Occupatevi delle loro medicine, dei loro accertamenti diagnostici, siate vicini a loro in questo, non dimenticatevi mai di interessarvi dell'esito degli esami. Ascoltateli, ascoltateli senza

stancarvi e dite loro che anche se qualche volta se la prendono con Dio perché non li ascolta, essi non devono scandalizzarsi, ma continuare a parlare con Lui, perché lui è un padre e un padre ascolta sempre i suoi figli, ed anche le loro lamentele. Fate loro quindi percepire che non sono e non saranno mai soli

Resterete stupiti di come si legheranno a voi, e di quanta felicità questa cosa vi dà.

Terapia del dolore

Per il controllo del dolore in Italia si iniziano a usare di più i farmaci oppioidi, che registrano un aumento di quasi il 30% nel numero di confezioni vendute e un consumo pro capite pari a 1,17 euro. In cima alla lista dei consumi, con 9,10 euro pro-capite, rimangono però sempre i farmaci analgesici non oppioidi. Inoltre, ed è un fatto sconcertante, secondo i dati Istat, sarebbero circa un milione, gli anziani che muoiono senza cure palliative e terapie anti-dolore.

E' opportuno informarsi e approfondire con il proprio medico e con specialisti questo aspetto nuovo della cura del dolore garantito ora da una legge specifica.

E' importante sia nel dolore severo del cancro sia nel dolore cronico.La **legge 15 marzo 2010, n.38, Disposizioni per garantire l'accesso alle cure palliative e alla terapia del dolore** *ha completato il processo di semplificazione delle procedura di accesso ai medicinali impiegati nella terapia del dolore, dell'allegato III-bis:prevedendo la possibilità di prescrivere su ricettario SSN, in alternativa al ricettario a ricalco, i farmaci inclusi nella tabella II sezione A e ponendo le premesse, attraverso la modifica dei criteri di composizione delle tabelle delle sostanze stupefacenti, per attuare una ricollocazione in diversa tabella di alcuni farmaci analgesici oppiacei, agevolandone il regime di prescrivibilità con il* **DM 31 marzo 2010.**

Elenco non esaustivo

Non penso di aver esaurito l'elenco delle situazioni di sofferenza. Sarebbe impossibile e non era questo l'obbiettivo. Anzi proprio a tutti i dimenticati deve andare la nostra attenzione e la ripresa della nostra vicinanza.

<u>**L'accusa.**</u>

Le accuse che mi vengono rivolte per questa scelta per gli ultimi fra gli ultimi sono diverse, e non so se il lettore possa dire di esserne immune.

1) Dopo i figli crescono con i problemi: per forza pensano a queste cose piuttosto che a quei poveri piccoli! (chi l'ha detto che non ci pensano ai piccoli?)
2) E se poi ti capita un figlio che prende brutte strade ti dicono: ma i genitori dov'erano? Chi dice che non ci siamo?
3) E il tempo da dedicare ai figli? Non rispondo, chiedetelo a loro.
4) Per il lavoro: non deve pensare a queste cose ma al lavoro e deve cercare di farlo bene (speriamo di non perderlo perché se no le polemiche aumentano)
5) E i genitori? Dovrebbero stare vicini a loro fin che possono!
6) Oppure: direi che è poco dignitoso per una famiglia che certe persone vengano in casa!
7) Pensa di essere l'unico a conoscere e fare certe cose?

Penso che l'unica vera dignità che abbiamo sia essere uomini, cioè figli di Dio.

Intanto dico grazie a tutti coloro che mi lanciano queste critiche, così mi tengono con i piedi per terra e mi aiutano a portare la croce di Cristo.

Finito di stampare nel mese di Aprile 2014
per conto di Youcanprint *self - publishing*

9 788889 113655